MÉTHODE DE FRANCAIS

initial 1

Livre du professeur

Sylvie POISSON-QUINTON

Marina SALA

Édition : Christine GRALL – Martine OTTOMANIGIN
Maquette : Cristina BRACHET / Michel MOMBEL – Nadine SIGRE
Mise en page : Nadine SIGRE
Couverture : CDT International / 36 JER 2204 – ISBN 2090334616

INTERNATIONAL

Édition : Christine GRALL - Michèle GRANDMANGIN
Maquette : Cristal Graphic / Michel MUNIER - Nicole SICRE
Mise en page : Nicole SICRE
© CLE International / SEJER 2004 - ISBN 209-033461-4

Sommaire

Avant-propos

Dans chacun des chapitres (correspondant à une leçon), le livre du professeur présente tout d'abord un rappel des objectifs de chaque leçon :

– les objectifs en communication,
– les objectifs en grammaire,
– les apports nouveaux en vocabulaire,
– le travail concernant la prononciation (phonétique, rythme, intonation).

Pour chaque leçon :

Ce livre propose à l'enseignant une démarche pédagogique pas à pas :
– des conseils pour exploiter au mieux les dialogues (comment « approcher » les nouveaux contenus : que faire observer ? sur quoi insister ? comment, techniquement, procéder ?) ;
– pour chaque activité, un rappel de l'objectif visé (« Objectif »), des suggestions pédagogiques (« Comment procéder ? ») et le corrigé ;
– de brèves indications d'ordre culturel au fur et à mesure de la leçon ;
– des suggestions d'activités complémentaires.

Pour les Bilans et Stratégies :

Le professeur trouvera dans ce livre du professeur :
– un rappel des points essentiels vus dans l'unité ;
– des conseils pour savoir ce sur quoi il faudra insister ;
– des activités de révision avec leurs corrigés ;
– des indications pour aider l'élève à acquérir une certaine autonomie dans son apprentissage et quelques éléments de « savoir-être » avec les Français.

Six fiches d'évaluation
Objectif : contrôler par un devoir sur table les connaissances acquises à la fin de chaque unité. Chaque fiche consiste en une double page de tests, photocopiable. Elle propose cinq exercices reprenant les points essentiels de chaque unité et permettant de vérifier la réalité des acquis.

À la fin de cet ouvrage se trouvent **les textes et les corrigés des exercices structuraux** dont l'amorce figure dans le Précis grammatical, à la fin du livre de l'élève.

LEÇON 0

Objectifs

La leçon 0 répond à plusieurs objectifs :

• Pour les élèves

– Grâce à un travail en petits groupes : les élèves pourront faire connaissance et mettre en commun les connaissances – réelles ou stéréotypées – qu'ils ont sur la France, les Français et le français.

– Les élèves devront se rendre compte que, même lorsqu'on est débutant complet, une langue étrangère n'est jamais totalement opaque ; ils ont déjà un certain nombre de connaissances sur cette langue, à l'oral comme à l'écrit.

• Pour l'enseignant

Faire le point sur l'image que les élèves se font de la France et de la langue française et engager avec eux une réflexion (en langue maternelle à ce stade de l'apprentissage) sur leurs représentations. Ce travail l'aidera à mieux cerner les motivations de son public.

Important

De très nombreuses activités peuvent être mises en place dans une leçon 0 (travail à partir des objets typiquement français, à partir de personnages célèbres, à partir de lieux ou de monuments très connus, à partir du calendrier...). Les exercices qui suivent sont des **suggestions.**

Activité 1 (p. 8)

A - REPÉRER LES SONS DU FRANÇAIS

Objectif

Cet exercice de discrimination auditive permet à des élèves dont la langue maternelle est très éloignée du français, tant au niveau phonétique que grammatical, de constater qu'ils sont capables de repérer les différences entre des sons français et des sons espagnols, allemands...

Les extraits en français – il y en a quatre – sont empruntés à des registres différents :
– doc. 2 : Molière, la Comédie-Française (style académique) ;
– doc. 5 : publicité pour la radio (français standard, médiatisé) ;
– doc. 6 : les Africaines et la polygamie (français d'Afrique francophone) ;
– doc. 7 : le Festival de Cannes 1981 (remerciements d'Isabelle Adjani, en public).

Les autres extraits sont en espagnol (doc. 1), dans l'une des langues du Mali (doc. 3), en bosno-serbo-croate (doc. 4) et en allemand (doc. 8).

Comment procéder ?

• Si nécessaire, procéder en deux temps.
Après une première écoute, demander à la classe combien d'extraits en français ils ont repérés. Puis, faire écouter une seconde fois pour qu'ils vérifient leurs premières hypothèses.

• L'enseignant peut, dans la langue maternelle des apprenants, engager une discussion sur la manière dont ils perçoivent les sons du français, l'intonation et le rythme des phrases, en comparaison avec leur langue maternelle et avec les langues étrangères qu'éventuellement ils connaissent.

B - REPÉRER LES « AMBIANCES SONORES »

Cet exercice est la suite du précédent. À chacun des extraits sonores préalablement repérés correspond une image.

– Le document 2 correspond à l'image 3 (indice : *Dom Juan* à la Comédie-Française).
– Le document 5 correspond à l'image 2 (indice : document publicitaire).
– Le document 6 correspond à l'image 4 (indice : femmes africaines).
– Le document 7 correspond à l'image 1 (indice : photo du Festival de Cannes).

Ici encore, il est conseillé de faire expliciter par les élèves (en langue maternelle) leur choix.

Activité 2 (p. 9)

– Recenser les mots français déjà connus

Objectif

Montrer aux élèves qu'ils connaissent beaucoup plus de mots français qu'ils ne l'imaginent, soit parce que ces mots sont « transparents » (identiques ou très peu différents de mots de leur langue ou de mots anglais déjà connus), soit parce qu'ils les ont rencontrés « dans le texte » lors de leurs lectures.

Il est vraisemblable qu'ils connaissent d'autres mots français. On peut leur faire dire lesquels et leur faire repérer à quel domaine ces mots connus appartiennent (par exemple, domaine de la cuisine ou des produits de luxe). Que peut-on en conclure ?

Activité 3 (p. 9)

– Identifier un texte français

Objectif

À nouveau, montrer aux élèves que les textes ne sont jamais totalement hermétiques et qu'ils sont capables de les identifier globalement.
Faire préciser (en langue maternelle) quels indices leur ont permis de dire que *les textes 4 et 6 sont en français.*

Activité 4 (p. 10)

– Situer géographiquement et politiquement la France

Objectifs

1. Permettre à l'enseignant de savoir si les élèves ont une idée **assez précise** de la situation géographique de la France.
2. Bien situer la France en Europe : montrer que la France est située entre l'Europe du Nord et l'Europe du Sud.

Les pays limitrophes mentionnés sont la Belgique, l'Italie, l'Espagne et la Suisse.

Comment procéder ?

Leur demander de répondre sans regarder la carte puis de vérifier leurs réponses avec la carte.
Volontairement, aucun des pays mentionnés n'est totalement impossible à situer (comme le seraient l'Australie, la Chine ou le Japon, par exemple). Ils figurent tous sur la carte.

Suggestion d'activités complémentaires

• On peut les amener à distinguer les pays qui, dans cette liste, appartiennent à l'Union européenne : la Belgique, l'Italie, le Portugal, l'Espagne, la Finlande.

• Éventuellement, leur demander s'ils peuvent citer d'autres pays de l'Union européenne.

• On peut également insister sur le cas de la Suisse qui se trouve géographiquement au cœur de l'Europe mais ne fait pas partie de l'Union européenne.

Activité 5 (p. 11)

- Ouverture vers la francophonie

Objectif

Cet exercice est destiné à montrer (ou à rappeler) aux élèves que le français est parlé bien au-delà des frontières de l'Hexagone et que cette langue a donc une dimension internationale.

Comment procéder ?

On peut citer parmi les pays totalement ou partiellement de langue française le Québec, la Belgique, la Suisse, les pays du Maghreb : le Maroc et la Tunisie*, plusieurs pays d'Afrique tels que la Côte-d'Ivoire, le Gabon, le Cameroun, le Mali ou le Congo, l'île de Madagascar, des pays asiatiques comme le Vietnam ou le Cambodge...

On peut illustrer cet exercice par la carte de la francophonie (qui se trouve à la fin du manuel, sur la troisième page de la couverture).

(*) L'Algérie, bien que le français y soit très largement utilisé, ne fait pas partie des pays totalement ou partiellement francophones.

Le Québec, le Zaïre, le Togo, Madagascar, le Congo, etc.

Suggestion d'activité complémentaire

Jouer à parler français

Cet exercice, classique, est connu sous le nom de « jeu du gromelot » ou « le parler yaourt ». En « mimant » la langue étrangère, l'élève peut s'approprier, de manière ludique, le comportement verbal et non verbal des Français **tel qu'il l'imagine**.

Entre autres possibilités :

1. Deux à deux, les élèves jouent un sketch en français (dans une langue qu'ils présentent comme le français) : dispute entre deux automobilistes, demande de renseignement à la poste ou à la banque...

2. Un élève en interviewe un autre, toujours en « gromelot », et un troisième joue le rôle de l'interprète qui au fur et à mesure traduit leurs paroles.

Les autres élèves commenteront (en langue maternelle) les prestations de leurs camarades et indiqueront si cette représentation des Français correspond à leur propre vision.

Cet exercice peut déboucher sur un débat en langue maternelle sur les stéréotypes.

- Principales consignes

La quasi-totalité des consignes qui seront données à l'élève sont indiquées ici. Si le logo n'est pas assez explicite, on pourra mimer l'activité en question. Pour certaines consignes, cela peut être un peu difficile (jeu de rôles, par exemple). Une rapide explication s'impose alors.

Il est important que, très vite, l'élève soit en mesure de comprendre les consignes. Nous avons renoncé à mettre un logo spécifique devant chaque activité, ce qui aurait surchargé le manuel et en définitive nui à sa lisibilité.

Les élèves traduiront ces consignes. Ainsi, au début, ils pourront se reporter à leur traduction en cas de doute.

LEÇON 1

Objectifs

• Communication
– Saluer, prendre contact.
– Remercier.

• Grammaire
– Conjugaison : infinitif et 1re personne du singulier (verbes *être, s'appeler, habiter*).
– Structure sujet + verbe (1).
– Masculin / féminin (1).
– *C'est* + nom propre.

• Vocabulaire
– Formes de salutations.
– Chiffres de 1 à 5.

• Prononciation
– Intonation interrogative.

SITUATION 1 (p. 12)

Objectifs
- Relier les illustrations aux dialogues : chaque dialogue correspond à une image.
- Distinguer une voix d'homme d'une voix de femme.
- Repérer des sons et des intonations.
- Repérer des mots ou phrases qui se répètent : *Bonjour ! – Ça va. – Très bien, merci. – Et vous ?*
- Relier certains mots à des situations précises. Exemple : *Allô* = téléphone.
- Définir les situations présentées : un moment de rencontre ou de prise de contact.

Comment procéder ?
- Observer les illustrations, faire remarquer les personnages : nombre, homme ou/et femme… ?
- Faire écouter une première fois et vérifier les éléments repérés (voix d'homme et voix de femme, sons, intonations…) ; faire rapprocher écoute et observation des illustrations.
- Faire écouter une deuxième fois pour amener à faire correspondre textes et images.
- Faire repérer le vocabulaire, de manière globale, dans les structures employées. Pour en réutiliser une partie, faire l'**activité 1**.

• Vocabulaire (p. 12) •

Ne sont présentés dans cette rubrique que **les mots nouveaux**, qui ne sont l'objet d'aucune autre étude particulière, et qui ont un sens et un emploi « isolés ».
Cela permettra tout au long de l'apprentissage de faire repérer ces mots nouveaux et de mettre en relief une idée simple mais essentielle : sans les mots qui la composent, une langue n'existe pas.
On peut déjà mettre l'accent sur la différence masculin/féminin, grâce aux deux colonnes de noms propres présentées et explicitées par les deux personnages. Ces deux colonnes peuvent être complétées au fur et à mesure que l'on avancera dans les leçons. Vous pouvez suggérer à vos étudiants qu'ils reproduisent ces colonnes dans leur cahier et qu'ils les remplissent peu à peu.
On peut également compléter avec les noms des étudiants du cours.

ACTIVITÉ 1 (p. 13)

Cet exercice peut permettre à l'ensemble de la classe de se présenter.

Comment procéder ?

• Faire écouter et faire noter que Maxime donne d'abord son prénom, puis son prénom et son nom.

• Commencez par vous présenter vous-même de la même manière en terminant par « Et vous ? », pour donner la parole à un des étudiants qui doit répondre comme Maxime.

• Cet étudiant à son tour termine par « Et vous ? » et désigne un autre étudiant. Se forme ainsi une sorte de chaîne de présentations jusqu'à ce que tous les élèves se soient présentés.

• Manières de dire (p. 13) •

Sous cette rubrique se retrouveront des expressions très courantes qui forment un tout, utilisables si on en connaît le sens, mais trop complexes à expliquer en détail, au moment où elles apparaissent. Elles sont à apprendre « en bloc ».

ACTIVITÉ 2 (p. 13)

Elle permet d'utiliser ces expressions dans un « jeu de rôles ».

Comment procéder ?

On forme des groupes de trois étudiants à qui on peut donner des consignes différentes suivant le cas :
– ils utilisent leur identité réelle ;
– on leur donne une identité fictive ;
– ils choisissent chacun un nom et un prénom, parmi ceux étudiés ou d'autres qu'ils connaissent (français, par exemple).

SITUATION 2 (p. 14)

Objectifs

Confirmer et bien mettre en place ce qui a été vu dans la première situation.

• Distinguer la voix de l'homme et celle de la femme.

• Repérer les intonations, l'intonation interrogative en particulier.

• Repérer les mots ou phrases connus : *Bonjour, je m'appelle…, Et vous ?* etc.

• Repérer les mots nouveaux.

• Préciser la situation : deux personnes se rencontrent et se présentent (*cf.* illustration).

Comment procéder ?

• Faire écouter une fois et vérifier les éléments repérés (mots et expressions connus, situation, le prénom de l'homme et celui de la femme…).

• Faire prendre conscience des mots nouveaux en renvoyant au vocabulaire qui suit. On peut expliquer le mot *habiter* en se mettant à son tour à la place des personnages et en reprenant les phrases données : *J'habite à… Et vous ?* Cela permet de faire encore le tour des élèves, de leur faire répéter les mêmes intonations et les mêmes mots, mais en parlant d'eux-mêmes.

Suggestion d'activité complémentaire

Faire repérer où se trouve Toulouse sur la carte située sur la page 2 de la couverture.

Prononciation (p. 14)

ACTIVITÉ 3 (p. 14)

Objectif

Faire bien saisir l'importance de l'intonation, qui constitue ici **la seule marque de l'interrogation.**

Comment procéder ?

Insister sur l'écoute et la répétition. On insistera aussi sur le rythme des phrases. Par exemple :

Ça va bien ? ➡ rythme : 1-2-3   Oui, merci. ➡ rythme : 1/1-2

C'est Isabelle ? ➡ rythme : 1-2-3-4   Non, c'est Agathe. ➡ rythme 1/1-2-3

Grammaire (p. 14)

1 • Conjugaison

Objectif

Il s'agit seulement ici d'introduire **la notion de conjugaison,** en faisant noter la forme des verbes qui est toujours donnée dans le dictionnaire : **l'infinitif**, puis de donner la première variation.

Comment procéder ?

Il est inutile à ce stade de parler de la notion de temps. En revanche, faire déjà noter la présence du **pronom sujet** et **la variation de la terminaison** (pour les verbes dont l'infinitif se termine en -er), ce qui est mis en valeur dans le tableau.

Être	**Habiter**	**S'appeler**
je suis	j'habit**e**	**je** m'appell**e**

Faire remarquer que le verbe *s'appeler* change aussi de prononciation (« e » muet devient « è ») et d'écriture (un seul l ➡ deux l).

2 • Masculin et féminin

Se contenter de noter la variation masculin/féminin sans insister, grâce à la présence des deux personnages.

Rémi   Fatima

ACTIVITÉ 4 (p. 15)

Objectif

Faire repérer des informations précises (ici des lieux et des personnes) dans des phrases.

Comment procéder ?

Cet exercice peut se faire de plusieurs manières suivant les réactions des élèves.

• On peut demander dans un premier temps de masquer le texte et d'écouter en regardant les illustrations. Cela permet de travailler davantage l'écoute et de faire établir des liaisons oral-illustrations. Dans ce cas, on peut commencer par faire repérer les noms de lieu par exemple (prononcés à la française !) et les relier aux illustrations. La suite sera facile.

• Si on laisse le texte écrit, les élèves ne doivent pas avoir de difficulté majeure à repérer les noms de lieu, quoique leur forme puisse les étonner. Soulignez la « francisation » de ces noms, soit dans l'orthographe et la prononciation (Londres, Pékin), soit seulement dans la prononciation.

Réponses : a/4 – b/1 – c/5 – d/2.

Suggestion d'activités complémentaires

Travailler sur d'autres images et faire réutiliser ces structures. On peut aussi proposer d'une part les images de villes et d'autre part des photos de personnes célèbres et leur demander d'associer une personne à un lieu en reprenant la phrase : *Bonjour, je m'appelle…, j'habite…*

• Vocabulaire (p. 15) •

Dans tous les cas, il est facile d'introduire les chiffres jusqu'à 5. La main qui compte y aide en même temps qu'elle permet de voir comment les gestes « traduisent » les chiffres, en français.

Il sera nécessaire que l'enseignant fasse **lui-même** ces gestes.

Suggestion d'activités complémentaires

- On peut proposer aux élèves un petit jeu très simple : on montre avec les doigts un chiffre et ils doivent dire le plus vite possible ce chiffre.
- On peut (en langue maternelle) expliquer le sens de certains gestes comme :

1. le pouce levé vers le haut :   Bravo ! Très bien !
2. le pouce dressé et dirigé vers le sol :   Nul ! On a perdu !
3. l'index et le majeur levés en forme de V :   Victoire ! On a gagné !
4. le pouce et l'index joints en forme de O :   Très bien, très bon, parfait !

LEÇON 2

Objectifs

• **Communication**
– Demander des informations (2), donner des informations sur soi-même (2) et sur quelqu'un d'autre (2).
– Identifier quelqu'un (2).
– Poser une question (1).

• **Grammaire**
– Verbe *parler* (*je*, *vous*).
– Masculin, féminin avec les nationalités.

• **Vocabulaire**
– *Je suis* + adjectif de nationalité.
– *Parler, habiter.*
– Quelques adjectifs de nationalité.

• **Prononciation**
– Le masculin et le féminin des adjectifs (1).

SITUATION 1 (p. 16)

Rencontre dans un jardin public. L'image, le fond sonore et l'intonation de la jeune fille doivent rendre la situation facile à comprendre.

Objectif

Dans ce petit dialogue, que l'on fera écouter deux fois, deux structures reviennent à plusieurs reprises :
– ***Vous êtes*** + nationalité ?
– ***Vous parlez*** + langue ?

Bien opposer ces deux structures :
– l'adjectif s'accorde dans le premier cas (*Vous êtes anglaise, mademoiselle ? Vous êtes française ?*) ;
– pas d'accord dans le second cas (*Vous parlez français, mademoiselle ? Vous parlez anglais ?*).

Comment procéder ?

• Possibilité de faire mémoriser le dialogue puis de faire jouer la scène. Si les élèves veulent ajouter quelques répliques, on les y encouragera (par exemple : *Vous êtes actrice ? Vous habitez à Toulouse ? Ça va bien ?*).
On peut introduire le mot *jardin*.
• Faire écouter puis répéter les trois phrases :
– *elle est française, elle parle français*
– *elle est italienne, elle parle italien*
– *elle est chinoise, elle parle chinois*
• Faire pratiquer ces deux structures dans la classe, en utilisant la nationalité des élèves et la ou les langues qu'ils connaissent. Par exemple :
– *Yukiko, vous êtes japonaise ?*
– *Oui, je suis japonaise.*
– *Et vous parlez japonais ?*
– *Oui, je parle japonais.*
– *Japonais et... ?*
– *Japonais et anglais.*
• **Jeu de rôles.** Selon les groupes, on peut proposer différents jeux de rôles :

– rencontre dans un jardin public (situation à peu près semblable à celle de la Situation 1),
ou, plus conventionnellement, si l'on sent une réticence :
– présentations lors d'une soirée ou encore inscription à l'Alliance française,
– mini-entretien en vue d'un emploi, inscription à un cours de français...

Grammaire (p. 17)

Objectifs

• On se contentera, à ce stade des deux personnes *je* et *vous*.
• On reprendra, dans cette partie, l'opposition masculin / féminin (abordée dans la leçon 1) en notant les différences à l'oral **et** à l'écrit.

Comment procéder ?

• L'exercice qui suit (**activité 3**) concerne **l'écrit** : les élèves doivent réutiliser ce qu'ils ont vu dans le dialogue : *Vous êtes française, mademoiselle ? / Vous parlez français ?*
• Si nécessaire, préciser que Noriko est un prénom féminin et Mario un prénom masculin.
• Lorsque l'exercice est terminé, demander de lire à haute voix les réponses pour vérifier la discrimination phonétique masculin / féminin lorsqu'il s'agit du verbe *être*.

SITUATION 2 (p. 18)

Les élèves entendent trois personnes se présenter.

Objectif

On leur propose trois images. Ils doivent identifier chacun des locuteurs.

Comment procéder ?

1. Ils peuvent utiliser divers indices :
– **les voix** : une seule voix d'homme ;
– **des éléments de l'image** : l'étudiante japonaise a des livres dans les bras, Lucie semble un peu plus âgée et elle est habillée de manière plus classique.
Lorsque les élèves ont fait leur choix, mise en commun de leurs réponses puis réécoute.
2. Repasser la Situation 2. On demandera aux élèves de faire d'abord cet exercice de mémoire, c'est-à-dire **sans regarder le texte**, puis de se corriger deux par deux en vérifiant avec le texte.

• Manières de dire (p. 18) •

Vous aussi, moi aussi.

Comment procéder ?

• Faire pratiquer : *Vous aussi..., moi aussi...*, en prenant des exemples dans la classe. Par exemple *Vous êtes japonais, Katzuo ? Vous aussi, Noriko ? Vous parlez anglais, Noriko ? Vous aussi, Keiko ? Vous habitez à Tokyo ? Et vous, Ayumi, vous aussi vous habitez à Tokyo ?* etc.
• Les élèves doivent maintenant pouvoir dire :
– comment ils s'appellent,
– où ils habitent,
– quelle est leur nationalité,
– s'ils sont étudiants,
– quelles langues ils parlent.
Ils peuvent donc **se présenter** en donnant quelques informations sur eux-mêmes.

• Selon les groupes, on donnera différentes consignes. Ils se présenteront en fonction de telle ou telle situation (cérémonieuse : cocktail à l'ambassade ; en public : pour une interview à la télévision ; familière : dans la rue ou dans un café ; policière : contrôle d'identité…).

Grammaire (p. 19)

Objectif

On reviendra plus systématiquement, dans cette partie de la leçon, sur l'opposition masculin/féminin.

Règle générale : masculin et féminin sont différents.

À l'écrit, on ajoute **-e** pour marquer le féminin :
– *Vous êtes français, Pierre ? Vous êtes français**e**, Agathe ?*
– *Vous êtes espagnol, Marco ? Oui. Et vous, Ana ? Je suis espagnol**e** aussi.*
On fera bien remarquer que si l'adjectif masculin se termine déjà par -e (le cas assez est rare), le féminin est identique : *il / elle est russe, belge, suisse…*

Attention, à l'oral ! les règles sont plus compliquées :
français / française (+ z) – américain / américaine ($\tilde{\epsilon}$ / ϵn) – argentin / argentine ($\tilde{\epsilon}$ / in) – allemand / allemande ($\tilde{a}$ / $\tilde{a}$d) – etc.
Ces variations phonétiques seront vues peu à peu dans les leçons suivantes.

Les exercices qui suivent ont pour objectif de vérifier la capacité des élèves à discriminer **à l'écrit** les masculins et les féminins.

ACTIVITÉ 7 (p. 19)

On précisera, en langue maternelle, qu'il s'agit de découvrir le sexe soit de la personne à qui l'on s'adresse, soit de celle qui parle.

ACTIVITÉ 8 (p. 19)

Ce second exercice permet de faire une dernière récapitulation des adjectifs de nationalité. On peut demander aux élèves de faire ce travail en tandem (par paires).

Suggestion d'activités complémentaires

• **Exercice de rapidité.** Le professeur donne, très rapidement, des adjectifs de nationalité masculins et féminins. Les élèves doivent immédiatement réagir physiquement (par exemple, si l'adjectif est masculin, lever la main, et s'il est féminin, lever les deux mains). L'élève qui a perdu devient meneur de jeu.
• **Devinettes.**
– Je suis anglais, j'habite à Londres, je suis prince, mes initiales sont C. de G. Qui suis-je ? (Charles, prince de Galles)
– Je suis française, j'habite à Paris, je suis actrice, mes initiales sont C.D. Qui suis-je ? (Catherine Deneuve)
– Je suis français, j'habite à Turin, je suis footballeur, mes initiales sont Z.Z. Qui suis-je ? (Zinedine Zidane)
On introduira ici le terme *initiales*, on rappellera les termes *prénom* et *nom* (ou *nom de famille*) en précisant qu'en français, le prénom précède le nom de famille.

LEÇON 3

Objectifs

- **Communication**
  - Identifier quelqu'un (2).
  - Demander des informations (2)
  et donner des informations sur quelqu'un.
  - Poser une question (2).

- **Grammaire**
  - Conjugaison : la troisième personne du singulier (verbes *être* + verbes du premier groupe).
  - Interrogation avec adverbe : *Comment... ?*
  - Masculin / féminin (3).
  - Structure de la phrase : sujet + verbe + ...
  - Le nom commun, l'article défini *le, la* + nom.

- **Vocabulaire**
  - Adjectifs permettant de décrire quelqu'un.
  - *Aimer*
  - *Comment... ?*

- **Prononciation**
  - Discrimination à l'oral du masculin et du féminin.

SITUATION 1 (p. 20)

Une jeune fille parle à une amie du garçon qu'elle aime. Un jeune homme parle à un ami de la fille qu'il aime.

Objectifs
- **Repérer la 3e personne.**
- Repérer la différence masculin/féminin (déjà vue en leçon 2 pour les adjectifs de nationalité).
- Repérer la structure verbe + nom.
- Repérer la formule : *Il / Elle s'appelle comment ?*

Comment procéder ?
- Faire écouter une première fois. Repérer les mots qui se répètent : *il* ou *elle*, et arriver à faire le lien *il* = Pierre, *elle* = Gina.
- Faire lire et attirer l'attention sur le vocabulaire nouveau. On peut faire comprendre le titre en se présentant : *Je m'appelle... Et vous, vous vous appelez comment ?* On reprend ainsi la structure apprise en leçon 1, à laquelle on enchaîne la nouvelle. La réponse attendue est, bien sûr, le nom de la personne.
- Faire faire l'**activité 1**, puis l'**activité 2**, pour entendre et repérer les différences à l'oral entre masculin et féminin. Donner la règle.
- Faire écouter une deuxième fois.

• Vocabulaire (p. 20) •

Faire remarquer aux élèves que les mots sont systématiquement présentés de la même manière :
- on donne le masculin d'abord, puis le féminin pour les adjectifs (mots dont la forme varie) ;

– le **nom** est toujours accompagné d'un **article** qui permet d'identifier le genre ; c'est pourquoi il faut apprendre un nom **avec** l'article qui l'accompagne.

Prononciation (p. 20)

ACTIVITÉ 1 (p. 20)

Objectifs
• Faire percevoir la différence, à l'oral, entre le masculin et le féminin.
• Faire prendre conscience que cette différence n'est pas toujours la même.

Comment procéder ?
• Faire écouter une fois, livre ouvert : il existe alors un lien écoute-lecture.
• Faire ensuite fermer le livre et écouter une deuxième fois.
• Faire répéter.
• Si la différence n'est pas marquée dans la production de l'élève alors qu'elle existe dans la phrase « modèle », faire écouter encore en orientant l'écoute sur cette différence. Il faut que les élèves en prennent conscience et l'intègrent dans leur prononciation.
L'enseignant peut dire lui-même ces phrases en exagérant la différence masculin/féminin (en faisant bien sonner la consonne finale, par exemple).

ACTIVITÉ 2 (p. 21)

Il s'agit d'un exercice de reconnaissance, donc de discrimination du masculin et du féminin à l'oral. Les marques de différence varient :
– c'est parfois le pronom : *il* ou *elle* ;
– parfois seul l'adjectif indique de quel genre il s'agit (phrases 3 et 5) ;
– parfois les deux sont présents (phrases 1, 4 et 6).

	M	F		M	F
Exemple : Vous êtes française ?		X			
1 - Il est grand.	X		*4 - Il est brun.*	X	
2 - Elle est jolie.		X	*5 - Je suis chinois.*	X	
3 - Vous êtes étudiante ?		X	*6 - Elle est italienne.*		X

Grammaire (p. 21)

1 • Conjugaison
Objectifs
• Faire apparaître la notion même de conjugaison par une écriture systématique des personnes étudiées, placées les unes au-dessous des autres, dans l'ordre qui est celui de la conjugaison française.
• Faire apparaître la différence du sujet (masculin ou féminin) mais insister sur la similitude du verbe, à la troisième personne, en la dédoublant. *Il* et *elle* seront par la suite écrits sur une seule ligne.
• Souligner la régularité de tous les verbes du premier groupe.

Comment procéder ?
• Faire faire une lecture individuelle et silencieuse du tableau.
• Le lire à haute voix.

• Faire remarquer, si cela n'a pas été vu, ce qui a été noté dans les objectifs.
• Le faire répéter pour retenir les conjugaisons, en soulignant la conjugaison du premier groupe : tous les verbes terminés par -er à l'infinitif se conjuguent ainsi.
• Faire faire l'exercice suivant (**activité 3**).

ACTIVITÉ 3 (p. 21)

On reprend ici les verbes étudiés mais c'est à la fois une activité lexicale (il faut rétablir le sens des phrases) **et** grammaticale puisqu'il s'agit de conjuguer des verbes. La présence du pronom sujet doit faire prendre conscience que **ce pronom est indispensable** pour pouvoir conjuguer les verbes français.

1 - Je m'appelle Hugo. J'aime le sport et le cinéma.
2 - Il s'appelle Nino. Il habite à New York ; il est américain.
3 - Vous êtes française ? Vous aimez la musique ? Vous vous appelez comment ?

Grammaire (p. 21)

2 • Masculin et féminin

Il s'agit surtout de rappeler et de confirmer ce qui a été dit et vu à la leçon 2. Il n'est rappelé que la règle générale, mais l'exemple rappelle aussi que les adjectifs terminés par -e ont la même forme au féminin qu'au masculin.

SITUATION 2 (p. 22)

Objectifs
• Reprendre les expressions et le vocabulaire déjà vus et montrer qu'ils permettent une vraie conversation.
• Souligner ce qui a été simplement repéré en Situation 1, c'est-à-dire le verbe *aimer* et le groupe nominal (GN) : article + nom.

Comment procéder ?
• Écouter une première fois, après avoir fait observer l'image pour comprendre la situation : il s'agit d'une interview.
• Ensuite, poser quelques questions en utilisant le vocabulaire déjà appris (*Elle s'appelle comment ? Elle habite à Paris ?,* etc.).
• Souligner le nouveau vocabulaire, faire remarquer qu'il est très réduit, et revoir celui de la Situation 1.
• Faire écouter une deuxième fois.

Si nécessaire, faire une écoute fragmentée, question/réponse par question/réponse, avant de proposer l'écoute du dialogue entier.

Grammaire (p. 22)

Cette partie va insister sur la **notion de groupe** et **de structure**.

3 • Masculin et féminin (2)
a. Les noms
Il est essentiel que les étudiants comprennent et intègrent que **tous les noms français ont un genre, masculin ou féminin** (pas de neutre), totalement **indépendant de leur sens et qui ne change pas.**

Ce genre est indiqué dans le dictionnaire (on peut donner quelques articles du dictionnaire ; nous reviendrons sur ce point à la fin de l'unité 3), mais il est aussi indiqué par les « petits mots » (les déterminants : articles, adjectifs possessifs ou démonstratifs) qui accompagnent le nom.

Exemple : **le** jazz, **la** danse
➠ **Le** et **la** sont des articles (il peut être utile de donner ce mot).

Ainsi on a le groupe : ARTICLE + NOM, l'article indiquant le genre.

Faire faire l'exercice suivant (**activité 4**, p. 23) : les élèves doivent reprendre des groupes article + nom pour compléter les phrases données qui expliquent les activités représentées par les illustrations.

> *1 - Patrick aime le sport.*　　　　*4 - Agathe aime le théâtre.*
> *2 - Isabelle aime la danse.*　　　　*5 - Pierre aime le jazz.*
> *3 - Nina aime le cinéma.*　　　　　*6 - J'aime ....*

b. Les adjectifs
Préciser que ce sont des mots :
– **variables**, ils changent de forme entre le masculin et féminin ;
– qui n'ont pas de genre propre, mais ils prennent celui du nom qu'ils accompagnent ; ainsi ils font partie du même groupe, **le groupe nominal** (GN), qui forme un tout : ARTICLE + NOM + ADJECTIF.

Il est possible d'étoffer l'**activité 4** et d'ajouter des adjectifs qui qualifient les activités représentées (par exemple : Isabelle aime la danse *moderne*).

4 • La phrase
Insister sur cette structure fondamentale de la phrase déclarative française :
SUJET + VERBE + ...

Nous désignons par trois points (...) tout ce qui peut être analysé comme complément du verbe (d'objet, de lieu, de temps...) et attribut, car l'essentiel pour l'apprenant est de savoir **dans quel ordre il va organiser les mots dans la phrase.** Par exemple, savoir que le verbe a en général un sujet exprimé et que celui-ci se place immédiatement **avant le verbe** (contrairement à d'autres langues).

Le travail à partir du jeu de rôles (**activité 5, p. 23**) insiste bien sur ce point et permet d'utiliser les différents éléments dans un contexte plus actif.

Ne pas hésiter à donner quelques autres termes de vocabulaire (**adjectifs**, par exemple) qui peuvent s'avérer particulièrement utiles pour vos élèves, même s'ils ne sont pas à retenir systématiquement.

Pour renforcer cet apprentissage, vous pouvez vous reporter aux exercices du cahier d'exercices.

LEÇON 4

Objectifs

• Communication
– Identifier quelqu'un (2).
– Demander des informations (3), donner des informations sur soi-même (2) et sur quelqu'un d'autre (2).

• Grammaire
– *C'est* + nom de personne / *il* ou *elle est* + profession ou nationalité.
– Interrogation avec inversion (1) : *Qui est-ce ?*
– Masculin/ féminin (4).
– Pronoms toniques : *moi, vous, lui.*

• Vocabulaire
– *Un chanteur, une chanteuse*
– *Un acteur, une actrice.*
– *Aimer.*
– *Nom, prénom, épeler, alphabet.*

• Prononciation
– L'intonation exclamative (2).

SITUATION 1 (p. 24)

Objectifs
Poser des questions/donner des informations sur l'identité de quelqu'un.

Comment procéder ?
• L'image aide à la compréhension de la situation : les jeunes filles regardent une revue qu'elles commentent.
• Faire écouter deux fois le dialogue puis le reprendre par un jeu de questions/réponses.

On peut, à ce premier moment de la leçon, utiliser ce dialogue pour réviser ce que les élèves ont appris dans la leçon 3 et, plus largement, les inciter à mobiliser tout ce qu'ils ont acquis jusqu'ici :

Qui est-ce ? C'est Juliette Binoche. Elle est anglaise ? Elle est actrice de cinéma ?
Elle est grande ? Elle est blonde ? Elle est belle ?
Elle est célèbre ? Elle est jeune?

Qui est-ce ? C'est Gérard Depardieu. Il est américain ? Il est acteur ? Il est blond ? Il est célèbre ? Il est jeune ? Il est célibataire ?

ACTIVITÉ 2 (p. 25)

Les élèves doivent faire correspondre une description à un nom.
On leur demandera de faire cet exercice en groupe. Pendant la correction, reprendre systématiquement la forme : *Qui est-ce ? C'est…*

1 - Elle est écrivain. Elle est française. C'est Françoise Sagan.
2 - Il est cinéaste. Il est américain. C'est Steven Spielberg.
3 - Il est couturier. Il est japonais. C'est Kenzo.
4 - Elle est chanteuse. Elle est française. C'est Patricia Kaas.

Faire parler les élèves des personnes restant sur la liste : Brigitte Bardot, Zinedine Zidane, Marco Ferreri, Jean-Paul Sartre (*Qui est-ce ? Il est français ? Il est jeune ? Elle est belle ? Il est cinéaste ? Il est célèbre ?*, etc.).

Cela peut être présenté comme un jeu : faire produire par groupe le maximum d'énoncés – en français – concernant Brigitte Bardot ou Jean-Paul Sartre. Éventuellement, autoriser les élèves à chercher un mot ou deux dans le dictionnaire (par exemple, *philosophe* pour Sartre).

Remarque. On peut introduire ici *À votre avis* (*À votre avis, il est célèbre ? Elle est célibataire, à votre avis ?*).

Prononciation (p. 25)

Objectif (activité 3 et activité 4)
Distinguer les trois courbes intonatives :
a. l'intonation déclarative (ou assertive) dont la courbe va en descendant :
Elle est belle.
b. l'intonation interrogative dont la courbe va en montant :
Elle est belle ?
c. l'intonation exclamative qui est également souvent montante (mais pas toujours) :
Elle est belle !

Comment procéder ?

Activité 3

Bien veiller à faire reproduire l'intonation exclamative, en l'exagérant au besoin.

Avant de commencer l'activité 4, proposez des couples de phrases pour bien opposer deux à deux les différentes intonations. Par exemple :

– Interrogatif / Exclamatif   *Il est beau ?*   *Oh oui, il est beau !*
– Déclaratif / Interrogatif   *Elle est jeune.*   *Ah oui, elle est jeune ?*
– Exclamatif / Déclaratif   *Elle est jolie !*   *Oui, elle est très jolie.*

Activité 4

Faire écouter les cinq énoncés deux fois.
Exemple : Regardez, c'est Yves Saint Laurent, sur la photo. (déclaratif)
1 - Ah, le couturier ! Il est très célèbre ! (exclamatif)
2 - Oui, c'est un très grand couturier ! (exclamatif)
3 - Il habite à Paris ? (interrogatif)
4 - Oui, à Paris et à Marrakech. (déclaratif)

Corriger immédiatement en indiquant au tableau les trois schémas intonatifs puis faire réécouter deux fois.

Grammaire (p. 25)

Objectif
Distinguer les deux structures : *c'est* + nom et *il / elle est* + profession ou nationalité.

Comment procéder ?

• Il faut bien insister **dès ce stade** sur la différence : *C'est Yukiko / elle est japonaise - elle est étudiante.* En effet, la confusion entre les deux structures est très fréquente chez la plupart des apprenants.
• Faire pratiquer la forme *Qui est-ce ? C'est...* + prénom ou nom de famille

Suggestion d'activités complémentaires

1. Avec une série de **photos** (de préférence inhabituelles : photos d'enfance, photos amusantes, par exemple), faire reconnaître des personnes célèbres. Ou encore, demander aux élèves d'apporter des photos d'eux-mêmes enfants. Les mêler. Faire reconnaître de qui il s'agit.

2. Jeu de devinette. Un meneur de jeu pense à une personne (connue de toute la classe : personnage célèbre ou appartenant à l'institution scolaire...). Les élèves posent des questions auxquelles le meneur de jeu ne répond que par **oui** ou par **non**.

3. Si vous sentez que la classe se prête au jeu, bander les yeux d'un élève. Il doit attraper un autre élève et le reconnaître au toucher (*Alors, qui est-ce ?*).

SITUATION 2 (p. 26)

Objectif

Introduire l'alphabet français.

Comment procéder ?

• Faire écouter le dialogue autant de fois qu'il sera nécessaire.
• Reprendre par un jeu de questions/réponses :
  – *Elle s'appelle comment ? Anne Baraud. Anne comment ? Anne Baraud.*
  – *Il s'appelle Julien Bonnet ? Non, Julien Bonnot. Julien comment ? Bonnot. Bonnot, N, A, U, D ou N, E, A, U ? Non, deux N, O, T.*
• Demander aux élèves de transcrire les deux premiers noms : Anne BARAUD – Julien BONNOT.

Remarque. On donnera le verbe *épeler* et la formule : *Vous épelez, s'il vous plaît ? Oui, j'épelle.*

• Leur demander ensuite d'épeler leur nom. On peut proposer des mini-jeux de rôles :
  – Quelqu'un demande son nom à son voisin, fait semblant de ne pas le comprendre et lui demande de l'épeler : *Vous épelez, s'il vous plaît ?*
  – Une conversation par téléphone : *Vous vous appelez comment ? Comment ? Vous épelez, s'il vous plaît ?*

Remarque. On peut travailler l'alphabet avec les **sigles**, très souvent utilisés en France. On se contentera de sigles très connus au plan international comme des compagnies d'aviation **KLM, SAS,** des organismes internationaux **ONU, Unesco,** des initiales de noms de pays : **USA, G-B, P-B,** en faisant remarquer que le sigle en français ne correspond pas toujours au sigle en anglais (par exemple **OTAN / NATO**).

ACTIVITÉS 9 et 10 (p. 27)

Objectif

Faire pratiquer l'alphabet.

Comment procéder ?

Faire d'abord écrire sous forme de lettres les prénoms. Par exemple, *B.A. = Béa ; L.N. = Hélène*, etc. Puis proposer le second exercice :

Exemple :   *J.J.M.T.O. = Gigi aime Théo.*
          1 - B.A.M.R.V. = Béa aime Hervé.
          2 - M.A.M.D.D. = Emma aime Dédé.
          3 - T.O.M.L.N. = Théo aime Hélène.

ACTIVITÉ 12 (p. 27)

• Avant de faire écouter le petit poème sur l'alphabet, notez toutes les lettres au tableau en les regroupant ainsi :

A, B, C, D	E, F, G	H, I, J	
K, L, M, N	O, P, Q, R	S, T, U, V	W, X, Y, Z

• Écrivez aussi les différents prénoms cités : *Amédée, Roger, Gigi, Hélène, Hubert, Hervé.*
• Associez ensuite chaque prénom à tel ou tel groupe de lettres. Par exemple :
A, B, C, <u>D</u> = Amé<u>dée</u> - E, F, <u>G</u>, = Ro<u>ger</u>

• Faire répéter le poème jusqu'à ce que l'alphabet soit mémorisé.

• Faire travailler en situation l'expression : *Oh, pardon, excusez-moi* (lorsqu'on bouscule quelqu'un, lorsqu'on entre sans frapper dans une pièce que l'on croyait vide, etc.). On peut éventuellement donner les expressions « associées » : *Je vous en prie* ou *De rien.*

– *Oh, pardon, excusez-moi.*
– *Oh, je vous en prie. De rien.*

Suggestion d'activités complémentaires

Le jeu du pendu

Rappelons rapidement les règles.
Le jeu se joue à deux. Le meneur de jeu propose un nom (ou, pour des élèves débutants, un prénom) dont il ne donne que la première lettre et la dernière lettre. Chaque lettre manquante est figurée par un trait.

Exemple :   C - - - - - - - E (Catherine)

Le second joueur propose une lettre pour combler les trous. Si cette lettre convient, le meneur de jeu la place. Par exemple, si le joueur propose **A**, le meneur de jeu écrira :
          C A - - - - - - E

Ou s'il propose **N**, le meneur de jeu écrira :
          C - - - - - - N E

À chaque fois qu'une lettre proposée ne convient pas, il dessine l'un des éléments du gibet, ensuite la corde puis, peu à peu, les parties du corps d'un pendu : la tête, le corps, les deux bras, les deux jambes.
Le second joueur gagne s'il a trouvé le prénom avant d'être totalement pendu.
Pour ce jeu, on peut utiliser des prénoms français ou non, à condition que les lettres proposées soient dites en français.

2. Suggestions pour le travail phonétique

a. Le son / ɛ / est à travailler d'abord tout seul : *Juliette, elle s'appelle Juliette.*

puis l'opposer au son / e / : Elle (/ ɛ /) est (/ e /) belle (/ bɛl /)

                              C'est (/ se /) Juliette (/ ɛt /)

                              Elle (/ ɛ /) est (/ e /) célèbre (/ e / – / ɛ /)

en indiquant :
– la différence de position de la langue :
en avant pour le / e /, beaucoup moins pour le / ɛ /
– les positions différentes de la bouche :
les lèvres sont plus étirées pour le / e / que pour le / ɛ /
la bouche est plus fermée pour le / e / que pour le / ɛ /.

b. On peut revenir sur les différences entre les sons / e / et / ɛ / vus plus haut :
– pour faire pratiquer le son / e / : B – C – D – G – P – T – V
– pour faire pratiquer le son / ɛ / : F – L – M – N – R – S – Y – Z.

BILAN et STRATÉGIES

Ces deux pages, qui reviennent toutes les quatre leçons, ont **un triple objectif :**

1. Faire **un bilan** de l'essentiel à retenir.

2. Faire acquérir à l'élève **une attitude et une démarche actives (donc une stratégie d'apprentissage)** en lui montrant comment s'y prendre pour exploiter au maximum et rapidement les documents qu'on lui présente.

3. Lui montrer comment il peut concrètement les utiliser dans la vie quotidienne en lui donnant une **stratégie d'utilisation**.

Ces deux sortes de stratégies se trouvent, dans ce premier bilan, entremêlées.

La page de gauche sous la rubrique **Maintenant vous savez…** concerne le bilan, celle de droite sous la rubrique **Comment faire ?** concerne les stratégies.
Ces pages n'apportent pas de nouvelles connaissances sauf, parfois, quelques mots de vocabulaire. Il s'agit de récapituler l'essentiel et de montrer ce qu'on peut faire avec ce qui est déjà acquis.

A - MAINTENANT VOUS SAVEZ…

Trois points sont mis en valeur :

1. la structure : **Sujet + verbe + …**

2. Le genre du nom et la présence de l'article : **masculin (*le*) ou féminin (*la*)**

3. L'accord en genre du nom et de l'adjectif :
nom masculin ➡ adjectif masculin
nom féminin ➡ adjectif féminin

Les activités 1 et 2 permettent une simple mise au point et des vérifications.

1 Faire une phrase

Il faut insister particulièrement sur cette structure, même si elle n'est pas systématique à cent pour cent (penser au sujet inversé !), car elle est vraiment la base de la structure des phrases françaises, avec toujours (sauf à l'impératif) la présence indispensable d'un sujet du verbe :

Sujet + verbe + …

Activité 1
1 - Anna habite à Paris.
2 - Vous parlez japonais ?
3 - Nino aime la danse et la musique.
4 - Je suis étudiant.
5 - Elle aime le sport.
6 - Il est américain.
7 - Vous habitez à Moscou.

2 Différencier le genre des mots

Le nom est masculin ou féminin, il ne peut pas changer de genre. **Ce genre est indiqué** en particulier **par les articles qui l'accompagnent :** *le* (masculin) ou *la* (féminin).

3 Accorder l'adjectif

L'adjectif est **variable** (c'est pour cela qu'on donne ses deux formes, même dans le dictionnaire). Le plus souvent, il suit le nom qu'il accompagne.
nom masculin ➡ adjectif masculin
nom féminin ➡ adjectif féminin

Activité 2
Attention, il y a plusieurs possibilités :

1) le football ➡ d) *américain* ou : b) *japonais*

2) la danse ➡ a) *moderne* ou : e) *classique* ou : c) *italienne* ou : f) *française*

3) le théâtre ➡ a) *moderne* ou : e) *classique* ou d) *américain* ou : b) *japonais*

4) la musique ➡ c) *italienne* ou : f) *française* ou : a) *moderne* ou : e) *classique*

5) le cinéma ➡ d) *américain* ou : b) *japonais* ou : a) *moderne* ou : e) *classique*

6) la cuisine ➡ c) *italienne* ou : f) *française*

B - COMMENT FAIRE ?

Objectifs

Montrer les étapes que l'élève peut (et doit) dans un premier temps suivre pour mettre à profit ses connaissances.

Activité 3

Chaque étape de l'activité 3 (a, b et c) constitue un échelon.

• En observant attentivement l'image présentée et la carte de visite (a), on peut en conclure (en supposant que les deux documents font référence à la même personne) quels sont le nom, le prénom et la profession du personnage (b). Par ailleurs, certains éléments de l'adresse (le chiffre 3 et la ville : Toulouse) sont connus.

• En c, lorsqu'on présente Isabelle, on peut au moins préciser la ville où elle habite, avec un verbe largement utilisé dans cette unité.

Il s'agit essentiellement de s'approprier les éléments déjà appris et de voir l'utilisation qu'on peut en faire.

MALET
Isabelle
3, rue de la Poste - 31000 TOULOUSE

Activité 4

Après la lecture, c'est l'écoute qui est privilégiée, mais sans oublier le regard : l'image qui accompagne l'enregistrement montre que l'un des interlocuteurs est la pianiste. Il faut alors relier ce que l'on entend à ce que l'on sait du personnage.

Voici le dialogue enregistré :
J.D. – Bonjour ! Je m'appelle Jean Dupont. Vous êtes...
I.M. – Madame Malet, Isabelle Malet. Bonjour !
J.D. – Vous êtes musicienne ?

I.M. – Oui, pianiste de jazz.
J.D. – J'aime bien le jazz.
I.M. – Vous êtes aussi musicien ?
J.D. – Non, je suis cinéaste.

Elle aime le jazz.
Il s'appelle Jean Dupont.

Elle est pianiste.
Il aime la musique (le jazz) aussi.

Le questionnaire permet de retenir ce qui a été compris, de le clarifier s'il le faut. On peut écouter l'enregistrement deux fois si nécessaire.

Activité 5

Les deux jeux de rôle permettent de répéter ce qui vient d'être vu, mais aussi de réutiliser l'ensemble de ce qui peut constituer une présentation personnelle ou celle d'une autre personne. On peut aider les élèves en les mettant en situation en langue maternelle (*Vous êtes en voyage d'affaires, vous rencontrez...*).

Ces activités peuvent montrer que certains points ont été mal retenus ; c'est donc l'occasion aussi de revenir sur l'essentiel et de reprendre encore d'autres exercices, des **exercices structuraux** systématiques par exemple (pour l'unité 1, voir le Précis grammatical, exercice 13, p. 124, pour la leçon 4). Il s'agit là de reprises de consolidation. S'il s'avère que certains points sont trop fragiles, peut-être serait-il prudent de faire faire des exercices complémentaires sur la question qui pose problème. Pour tous les exercices complémentaires, vous pouvez utiliser le **Cahier d'exercices de la méthode** qui suit exactement la même progression.

LEÇON 5

Objectifs

• **Communication**
– Demander des informations sur la quantité (1).
– Énumérer différents objets.

• **Grammaire**
– Les articles indéfinis : *un*, *une*, *des*.
– *Qu'est-ce que c'est ?*
– Le pluriel des noms (1).
– *Il y a* + singulier ou pluriel.

• **Vocabulaire**
– Les nombres jusqu'à 12.
– Les membres de la famille.
– Objets quotidiens : *clés, cigarettes, portefeuille, carte bleue*, etc.

• **Prononciation**
– La liaison en / z / avec les pluriels.

SITUATION 1 (p. 30)

Objectif
Introduire les articles *un*, *une* et *des*.

Comment procéder ?

• Montrer sur l'image la lettre et les photos pour faire pratiquer :
Regardez, il y a une lettre. Il y a une lettre de Julia.
Il y a une lettre et des photos.

• Puis on peut dire : *Moi aussi, j'ai des photos*, en sortant d'un sac quelques photos personnelles.

• Et demander aux étudiants de montrer, s'ils le veulent, les photos qu'ils ont sur eux :
Et vous, vous avez des photos ?

• Faire écouter le dialogue deux fois et reprendre, par un jeu de questions/réponses :

Julia Cler, qui est-ce ?
Elle est professeur de musique.
Elle a des enfants, elle a sept enfants, elle a cinq garçons, une fille et un bébé.
Les enfants ont douze ans, dix ans, huit ans, six ans, quatre ans, deux ans.

• Écrire au tableau les nombres jusqu'à douze (en lettres et en chiffres).
Éventuellement, si les élèves font une remarque à propos de l'âge des enfants, on peut donner l'expression : elle est *méthodique*, elle est *organisée*.

• Reprendre l'expression *: Oh là là!* en insistant sur l'intonation (surprise).

• On pourra réviser, à partir de l'image représentant la famille Cler, les structures vues dans l'unité 1. Par exemple :

Qui est-ce ? C'est + nom propre (*C'est Alex Cler.*)
Il est + adjectif (*Il est grand.*)
Il aime la musique. Il a douze ans.

• Si les élèves sont des adultes, on pourra leur demander s'ils ont des enfants. Si cela est nécessaire, on introduira : *Il (elle) a quel âge ?*, sans insister cependant sur l'interrogatif *quel*.

Prononciation (p. 30)

Comment procéder ?

Faire pratiquer la liaison :

Elle a des enfants ; j'ai deux enfants, il a trois enfants, elle a six enfants.
Il a deux ans, trois ans, six ans, dix ans.

Et faire remarquer qu'il peut s'agir de **s + voyelle** ou **x + voyelle**.

Grammaire (p. 31)

1 • L'article

Objectif

L'article, défini et indéfini, est un point toujours très difficile pour les élèves, quelle que soit leur langue maternelle. On aura à revenir régulièrement sur cette question.

En simplifiant beaucoup, on peut dire ce qui suit.

a. L'article indéfini a une valeur d'introduction : on parle pour la première fois de ce qui est représenté par le nom commun : *Elle a **des** enfants, **un** garçon et **une** fille. Vous avez **une** cigarette ? Il y a **une** lettre pour vous, monsieur.*

Comment procéder ?

On pourra faire remarquer que dans la phrase : *Vous avez **un** enfant ?*, le mot **un** peut avoir une valeur d'indétermination : être un article indéfini : *Êtes-vous père ou mère ?* ; ou être un adjectif cardinal (un enfant = 1 enfant) : *Avez-vous un seul enfant ?* Dans de nombreuses langues, les deux mots sont différents.

b. L'article défini a une valeur de généralisation (*J'aime la musique*) mais aussi valeur de spécification : il permet de préciser ce dont on parle (*C'est Fanny, la fille de Julia*).
Insister sur l'opposition indéfini/défini :
Elle a un garçon et une fille.
Le garçon s'appelle Jim et la fille s'appelle Jane.

2 • Le pluriel

À ce stade, on notera simplement que l'on ajoute un **-s** (on mentionne les noms et adjectifs en **-x** dans l'unité suivante).

Suggestion. On reprendra ce point avec les objets se trouvant dans la classe :
Il y a **des** chaises, **des** tables, **des** livres, **un** tableau…
ou en faisant décrire une image, une publicité :
Il y a **des** voitures sur la route, **une** lettre…
Sur la table, il y a **des** lettres, **des** livres, **des** photos, **un** stylo…

Dans l'**activité 3**, il s'agit simplement de repérer s'il s'agit d'un singulier ou d'un pluriel, d'un masculin ou d'un féminin. Tous les mots figurent dans le dialogue de la Situation 1.

1 - Il y a un bébé sur la photo.
2 - Vous avez des enfants ?
3 - Vous avez des filles ou des garçons ?
4 - J'ai une fille, elle a deux ans.
5 - J'ai une cousine, elle habite à Toulouse et elle a des enfants.

SITUATION 2 (p. 32)

Objectif

Le dialogue de la Situation 2 introduit un certain nombre de mots nouveaux qui pourront être réutilisés dans les unités suivantes puisqu'il s'agit d'objets très quotidiens : *clefs, cigarettes, briquet*, etc.

Comment procéder ?

Après avoir corrigé l'**activité 4**, qui a seulement un objectif lexical, on demandera aux élèves (**activité 5**) de décrire ce qu'ils ont dans leur sac (ou dans leur serviette) en acceptant les deux formes : ***Il y a...*** ou ***J'ai...***

Pour l'**activité 6**, le professeur peut lancer le jeu en demandant aux élèves de deviner ce qu'il y a dans son propre sac (*Dans le sac, qu'est-ce qu'il y a ?*), puis faire travailler les élèves par paires.

Grammaire (p. 33)

4 • Conjugaison

Objectif

Le verbe ***avoir*** n'est proposé qu'aux personnes déjà connues (*je, il / elle* et *vous*).

Comment procéder ?

L'**activité 7 (p. 33)** a pour objectif de faire repérer quand utiliser *être* ou *avoir*. On veillera à bien faire pratiquer ***avoir*** + **âge**, particulièrement avec les élèves connaissant l'anglais. Il s'agit également de bien repérer de quelle personne il s'agit. On peut rappeler au tableau les formes connues du verbe *être* au présent.

1 - Vous êtes étudiante ?
2 - Elle est japonaise.
3 - Alex a douze ans.
4 - Vous avez des enfants ?
5 - Il est professeur de français.

6 - Je suis grand et blond.
7 - Elle a sept enfants.
8 - Vous avez une carte bleue ?
9 - J'ai un sac rouge.
10 - Elle est très jolie.

5 • L'interrogation

Objectif

Il s'agit de faire distinguer la différence entre :
qui est-ce ? (➡ personne) et
qu'est-ce que c'est ? (➡ objet).
Ce point sera repris systématiquement dans les leçons suivantes.

Comment procéder ?

• Il y a risque de confusion puisque les deux structures possèdent les sons / s / et / k / mais on fera remarquer que le rythme est différent (2 syllabes/3 syllabes).
• Passer de ***Qu'est-ce que c'est ?*** à ***C'est...*** paraît assez facile à comprendre puisqu'on retrouve ***c'est*** dans les deux structures.
• On peut faire remarquer que dans ***Qui est-<u>ce</u> ?***, le <u>**ce**</u> est identique au <u>**c'**</u> de <u>**c'est**</u> (= « ce est »).
• À partir d'une photo, on peut opposer :
Qu'est-ce que c'est ? *Une photo* **/** ***Qui est-ce ?*** *Le fils de Noriko.*

ACTIVITÉ 8 (p. 33)

1 - Qui est-ce ? C'est Anne Baraud.
2 - Qu'est-ce que c'est ? Une carte bleue.
3 - Qu'est-ce que c'est ? Une lettre de Julia.
4 - Qu'est-ce que c'est ? Le portefeuille d'Agathe.

Dans l'**activité 9**, on voit un fragment de la carte bleue d'Agathe.

Suggestion d'activités complémentaires

1. Faire travailler les chiffres
Jeux
• Quelqu'un pense à un nombre entre 1 et 12. Les autres doivent deviner. On peut introduire *gagné/perdu*. Celui qui trouve le nombre devient meneur de jeu.
• On simule un jeu de loterie. Les numéros sont inscrits sur des papiers et placés dans une corbeille. Chacun correspond à un objet (à gagner). Quelqu'un tire les numéros et annonce (ex. : *numéro 9 : un stylo*).

2. Avec des photos
• Avec des **photos d'enfance** d'acteurs célèbres, faire deviner : **Qui est-ce ?** (Ex. *C'est Leonardo di Caprio ; là, il a dix ans.*)

On peut demander aux élèves d'apporter des photos d'eux-mêmes enfants, en faire un « photo-montage » et faire deviner de qui il s'agit.

• Avec des **photos de famille** : on peut introduire *frère, sœur, oncle, tante*. Les possessifs n'ont pas encore été abordés : il faudra donc faire travailler les élèves par paires et que chacun présente la photo de famille de l'autre (ex. : *C'est la sœur de Marc ; c'est la tante de Mayumi…*).

3. Avec des dessins
Un élève va au tableau et dessine un(e) élève de la classe. Les autres doivent deviner qui c'est.

4. Qui est-ce ? Devinettes.
Quelqu'un pense à une personne célèbre. Les autres posent des questions.

5. Qu'est-ce que c'est ? Devinettes.
• Un élève cache un objet sous une serviette. Les autres posent des questions :
Il ou elle ? – Il est grand ou petit ? – Il est noir ?
C'est un stylo !

• Comme dans l'activité 9, on peut proposer des images insolites (détail très agrandi ou fragment d'un objet usuel, monument célèbre photographié sous un angle particulier, etc.) et faire deviner de quoi il s'agit.

LEÇON 6

Objectifs

• **Communication**
– Demander des informations sur quelque chose (4).
– Dire ce qu'on aime et ce qu'on n'aime pas.

• **Grammaire**
– Les articles indéfinis : *un, une, des* (2).
– Le verbe *vouloir* (*je / il* ou *elle / vous*).
– La construction du verbe *aimer* (+ nom ou + infinitif).
– La négation absolue (*ne* ou *n'... pas*).

• **Vocabulaire**
– *L'anniversaire.*
– *Les cadeaux : vêtements, livres, CD.*

• **Prononciation**
– Rythme et intonation : l'interrogation (4).

SITUATION 1 (p. 34)

Objectifs

Introduire la phrase négative, dire ce qu'on aime et ce qu'on aime pas.

Comment procéder ?

L'image n'aide que partiellement puisqu'il ne s'agit pas vraiment d'un dialogue en situation mais plutôt d'une discussion sur le choix d'un cadeau.

Après avoir présenté les parents (le père et la mère de Clara), on pourra commencer par le mot **anniversaire**. En utilisant la carte d'identité ou la carte d'étudiant d'un élève, on proposera, par exemple : **KIM Sun-Yee, 14/4/1979 à Séoul (Corée)**. *Le 4 avril, c'est l'anniversaire de Sun-Yee, elle a vingt et un ans.* On ne peut pas insister davantage, les élèves ne connaissant pas les mois.
Si les élèves ont du mal à comprendre le mot *anniversaire*, on peut (faire) chanter *Happy birthday to you, Joyeux anniversaire.* Il est vraisemblable qu'il existe une « version locale » sur le même air. Le mot **demain** est assez facile à introduire (on suggère de donner en même temps le mot **aujourd'hui**) à l'aide d'un calendrier.

Prononciation (p. 34)

Objectif

Dans l'**activité 1**, l'accent doit être mis sur le **rythme 3/2/2** et sur l'**intonation**.

Comment procéder ?

Dans l'**activité 2**, il s'agit des premières manipulations sur la phrase négative et en même temps d'une vérification de ce qui a été retenu du dialogue.
Bien insister sur l'accent résolu de la mère (*Moi, non !*) et sur l'attitude du père qui n'aime pas les conflits (*Bon, bon, bon…*).

Grammaire (p. 35)

Objectifs

1. La conjugaison du verbe *vouloir*.

2. La phrase négative.

3. Différencier articles définis et articles indéfinis.

Comment procéder ?

1. On passera assez vite sur le premier point. Faire remarquer cependant que dans *je veux* et *il* ou *elle veut*, on prononce de la même manière / vø /.

2. L'effort portera surtout sur **la phrase négative**. On reprendra d'abord :
Clara aime le rap, les jeans, les pulls…
La mère de Clara n'aime pas le rap, elle aime la musique classique.
Elle n'aime pas les jeans, elle aime les jupes.

Puis on enchaînera :   *Moi, j'aime…, je n'aime pas…*
                      Et vous, qu'est-ce que vous aimez ?

On pourra faire des colonnes au tableau (en expliquant ou en dessinant les mots inconnus) :

Musique	Vêtements	Sports
musique classique	robes	football
jazz	jupes	basket-ball
rock	jeans	tennis
pop music	pulls	danse
rap	sweat-shirts	ski
techno	cravate	golf

Puis procéder à un petit sondage sur les goûts des élèves en les incitant à répondre avec les structures : *Moi, j'aime…* + nom, *je n'aime pas…* + nom. Ex. : *Moi, j'aime les cravates et les jeans.*

On peut faire le même type d'exercice avec une liste de verbes (en expliquant rapidement les verbes inconnus, dont certains seront étudiés dans la suite de la leçon) : **danser / travailler / nager / courir / chanter / rire.**

Avant de proposer l'**activité 3**, bien faire remarquer que *ne* devient *n'* si le verbe commence par une voyelle ou par un h muet. Ex. : *Il n'aime pas le jazz. Elle n'est pas française. Elle n'a pas quinze ans. Je n'habite pas à Paris.*

On pourra étoffer cet exercice en reprenant certains des verbes vus plus haut (ceux du premier groupe qui ne présentent pas de difficulté de conjugaison) : ***travailler, danser, chanter.***

1 - Vous habitez à Paris ?   *Non, je n'habite pas à Paris.*
2 - Clara aime les livres ?   *Non, elle n'aime pas les livres.*
3 - Vous aimez la danse ?   *Non, je n'aime pas la danse.*
4 - Vous êtes français ?   *Non, je ne suis pas français.*
5 - Vous parlez espagnol ?   *Non, je ne parle pas espagnol.*
6 - La mère de Clara aime le rap ?   *Non, elle n'aime pas le rap.*

3. Le troisième point grammatical aborde à nouveau les articles indéfinis pour les opposer aux articles définis. Il faut insister sur cette opposition.

Dans les phrases proposées dans **l'activité 4**, **attention** !

a. L'article indéfini indique un objet non précisé (<u>une</u> jupe quelconque, <u>une</u> des nombreuses jupes possibles...).
b. L'article défini indique ici l'ensemble des objets, ces objets en général. Ex. : *Elle n'aime pas les jupes (en général)*, c'est-à-dire : *Elle n'aime pas porter de jupes.*

Les deux sens de l'article défini sont assez difficiles à faire sentir. On peut commencer en travaillant l'opposition **un, une, des / le, la, les** :

– *Vous avez **un** stylo ? / C'est **le** stylo d'Etsuko.*
– *Elle a **des** enfants / Voilà **les** enfants de Julia Cler.*
puis :
– *Voilà **les** livres d'Etsuko. / Je n'aime pas **les** livres (en général).*

1 - *Vous voulez un sac ?*	*Non, je n'aime pas les sacs.*
2 - *Vous voulez un livre ?*	*Non, je n'aime pas les livres.*
3 - *Elle veut un portefeuille ?*	*Non, elle n'aime pas les portefeuilles.*
4 - *Vous voulez des jeans ?*	*Non, je n'aime pas les jeans.*

SITUATION 2 (p. 36)

Le dialogue est la suite du précédent. Attention ! l'intonation est importante (le *Ah ah !* signifie : *Devine !*). L'image aide à comprendre que Clara cherche à deviner ce qu'il y a dans les paquets.

On reprendra brièvement : ***Bon anniversaire.***

Prononciation (p. 36)

Objectif
L'intonation expressive.

Activité 5 (p. 36)

Moi, j'adore le jazz   * rythme = 1/1-2-3-4 ;

Activité 6 (p. 37)

Un texte à faire écouter plusieurs fois et à faire mémoriser.
Faire remarquer les trois possibilités :
– aimer quelqu'un (*J'aime Nicolas*) ;
– aimer quelque chose (*J'aime la danse*) ;
– aimer faire quelque chose (*J'aime courir*).

On peut introduire le pronom tonique ***lui*** :
Elle aime danser. Et lui ? Elle aime le sport ? Et lui ?

Grammaire (p. 36)

Objectif

La structure à travailler à partir du dialogue (la double construction du verbe *aimer* : *aimer* + nom, *aimer* + infinitif) est assez simple.

Comment procéder ?

On propose de travailler d'abord l'expressivité à l'oral, à travers deux exercices. Cette dernière partie de la leçon est surtout l'occasion pour les élèves d'aller au-delà des dialogues un peu convenus de la méthode et d'exprimer leurs goûts personnels.

On n'hésitera pas à les aider en leur donnant en français les mots nécessaires ou en les incitant à les chercher dans le dictionnaire (activité qui sera proposée plus systématiquement dans le Bilan et stratégies de l'unité 2).

On pourra enfin, si l'on veut détailler un peu l'**activité 7**, travailler sur la gradation :
J'aime, j'aime bien, j'aime beaucoup, j'adore + nom
Je n'aime pas beaucoup, je n'aime pas, je déteste + nom
en leur demandant de donner leur opinion sur les derniers films parus, sur tel ou tel écrivain, sur un acteur, un chanteur etc.

À partir du dernier exercice (**activité 8**) dans lequel les élèves doivent exprimer leurs propres goûts et intérêts, on pourra demander à chacun de lire ce qu'il a écrit et écrire au tableau au fur et à mesure les mots (noms et verbes) inconnus.

Suggestion d'activités complémentaires

• Partir de quelques photos d'hommes et de femmes prises dans des magazines. Demander aux élèves d'imaginer qui est cette personne, quels sont ses goûts, etc.
Cet exercice permet de réviser ce qui a été vu lors des leçons précédentes.
Par exemple : *Elle s'appelle Ingrid, elle est danoise mais elle habite à Londres ; elle aime lire et elle adore danser, elle n'aime pas la musique classique, elle préfère le rock...*

• On peut également aborder la question des stéréotypes (culinaires, par exemple), même si les élèves ne connaissent ni le pluriel (*Les Français aiment...*) ni le *on* (*En France, on aime beaucoup...*), en proposant par exemple :
Alex est français : il aime...
Pietro est italien : il adore...
Noriko est japonaise : elle aime bien...

LEÇON 7

Objectifs

• Communication
– Demander des informations sur les prix.
– Demander des objets, des précisions sur un objet.
– Exprimer son appréciation, examiner les prix.

• Grammaire
– *Je voudrais* + nom.
– *Ils/Elles* : le pluriel des verbes en *-er* et du verbe *être*.
– Le pluriel des noms (2).
– Les adjectifs en *-eux, -euse(s)*.

• Vocabulaire
– Les nombres de 17 à 20 ; les dizaines de 20 à 50 ; les centaines, les milliers.

• Prononciation
– Le son / ã /.

SITUATION 1 (p. 38)

Objectifs
- Savoir demander le prix de quelque chose.
- Apprendre les nombres (suite).
- Comprendre les expressions courantes dans les relations entre vendeur et acheteur.

Comment procéder ?
• Faire observer l'image avant d'écouter le dialogue (*cf.* Stratégies de communication de l'unité 1) pour faire comprendre cette situation d'achat-vente. Faire situer la scène (on peut introduire le mot *marché*) et identifier les personnages : le vendeur et Louise (on peut introduire le mot *client[e]*).

• Écouter en plusieurs fois :
1. du début jusqu'à *Voilà*
　Reprise : *Qu'est-ce qu'elle veut ? Elle veut un ananas et des pommes.*
　　　　　 Deux pommes ? Trois pommes ? Non, elle veut un kilo de pommes.

2. de *Les tomates* jusqu'à *délicieuses*
　Reprise : *Les tomates sont chères ? Oui, très chères.*
　　　　　 Elles coûtent combien ? 3 euros le kilo.
　　　　　 C'est cher ? Oui, c'est très cher.
　　　　　 C'est cher mais elles sont délicieuses.

3. de *Non* jusqu'à *le kilo*
　Reprise : *Et les carottes, elles sont chères ? Non, elles ne sont pas chères.*
　　　　　 Elles coûtent combien ? Elles coûtent 1 euro le kilo.

4. de *Et les avocats* jusqu'à la fin.
　Reprise : *Elle veut des avocats ? Oui.*
　　　　　 Ils coûtent combien ? Ils coûtent 2 euros les quatre.

• Reprendre le dialogue entier.

• Vocabulaire (p. 38) •

• Faire remarquer le genre des mots indiqué par l'article. Rappeler à l'occasion qu'un nom est toujours accompagné d'un déterminant (à ce niveau, on ne mentionnera pas l'article zéro).

• Faire travailler les chiffres. Faire remarquer la terminaison des dizaines : *trente, quarante, cinquante* et le rapport avec *trois, quatre, cinq*. Faire remarquer aussi le *et* (*vingt et un, trente et un, quarante et un*). On verra un peu plus loin que cette règle n'est pas valable pour *quatre-vingt-un, quatre-vingt-onze, cent un, cent onze*.
Les chiffres sont à apprendre. On veillera à vérifier régulièrement leur acquisition (par exemple avec des exercices semblables à l'**activité 1**).

• Manières de dire •

• Ces tournures, très utiles, sont à apprendre « en bloc ».
• On peut faire remarquer la présence de *ça* déjà rencontré (dès la première leçon : *ça va ?*) mais dont la valeur est ici différente. Ici, *Combien ça coûte ?* = Combien coûtent **ces choses** que je vois, que je montre (fruits, légumes, etc.).

ACTIVITÉ 1 (p. 38)

Faire travailler les élèves par paires à partir des structures proposées. Les élèves écoutent et lisent les chiffres puis donnent la réponse à deux voix : le premier pose la question, le second répond.

a - *3/2*	– *Ça coûte combien ?* – *Trois euros les deux.*		**e** - *6/3*	– *Ça coûte combien ?* – *Six euros les trois.*
b - *4/kilo*	– *Ça coûte combien ?* – *Quatre euros le kilo.*		**f** - *7,35/kilo*	– *Ça coûte combien ?* – *Sept euros trente-cinq le kilo.*
c - *2/2*	– *Ça coûte combien ?* – *Deux euros les deux.*		**g** - *5,25/kilo*	– *Ça coûte combien ?* – *Cinq euros vingt-cinq le kilo.*
d - *20/5*	– *Ça coûte combien ?* – *Vingt euros les cinq.*		**h** - *14/3*	– *Ça coûte combien ?* – *Quatorze euros les trois.*

ACTIVITÉ 2 (p. 39)

Jeu de rôles. Faire faire ce jeu de rôles par paires, un élève dans le rôle de la cliente, l'autre dans celui du vendeur. Exploiter les panneaux proposés dans les « Manières de dire » de la page précédente. Vous pouvez demander aux élèves de chercher dans leur dictionnaire d'autres noms de fruits et de légumes et d'imaginer un prix pour chacun.

Grammaire (p. 39)

1 • Conjugaison : *ils / elles*
• Faire remarquer que ces pronoms remplacent un nom masculin ou féminin pluriel (comme *il / elle* remplacent un nom masculin ou féminin singulier).
• Souligner que le pluriel des verbes n'est pas en *-s* (comme pour les noms) mais en *-nt*.

2 • Ça

Faire remarquer que le pronom *ça* est à la troisième personne du singulier (même lorsqu'il représente une idée de pluriel) : *Les tomates, ça coûte combien?*

3 • Masculin et féminin pluriel

• **Pluriel = singulier + -s**. Il s'agit ici de la règle générale, valable pour les noms et les adjectifs. Bien rappeler la cohésion du groupe nominal. Si le nom varie, l'ensemble du groupe varie.
• Masculin singulier en *-eux*, masculin pluriel en *-eux*.
il est délicieux; ils sont délicieux.
On peut indiquer, sans cependant insister, que lorsque le nom se termine par *-s*, *-x* (ou *-z*), on ne met pas de *-s* au pluriel.
un ananas, des ananas; il est délicieux, ils sont délicieux.

ACTIVITÉ 3 (p. 39)

Cette activité porte sur la conjugaison. Il s'agit de faire retrouver la conjugaison des verbes du premier groupe (*habiter, parler, aimer*). On indique le pronom sujet et un exemple est donné pour chaque groupe.

1 - *J'habite à Paris.*
Il habite à Madrid.
Vous habitez à Tokyo.
Elles habitent à New York.

2 - *Je parle français.*
Elle parle chinois.
Vous parlez italien.
Ils parlent espagnol.

3 - *J'aime la musique.*
Il aime le sport.
Vous aimez les pommes.
Elles aiment danser.

ACTIVITÉ 4 (p. 39)

Faites comme dans l'exemple. Aucune difficulté, il faut accorder les adjectifs avec les noms.

1 - *C'est une journaliste japonaise.*
2 - *Tania et Natacha sont très jolies.*
3 - *Les avocats sont délicieux mais ils sont chers.*
4 - *Elle a des enfants très jeunes.*

SITUATION 2 (p. 40)

Objectifs
• L'expression de la volonté, du choix.
• Porter une appréciation sur un objet, commenter un prix.
• Pratiquer les centaines.

Comment procéder?
• Partir de l'image. Qui sont les jeunes filles ? Qu'est-ce qu'elles regardent ?
• On écoutera le dialogue en deux temps :

1. du début à *une robe*
➡ *Qu'est-ce que Josiane veut ? Et Mei lei ?*
Utiliser pour reprendre le vocabulaire les vêtements des étudiants : *un imperméable, des bottes, un pull, une robe...*, ou utiliser un catalogue de mode.

2. de *20 euros le pull* à la fin.

– Revenir sur : *Le pull coûte combien ? C'est cher ? Il est joli ?*

– Insister sur l'équivalence : *ce n'est pas cher* = c'est bon marché.

– *Et l'imperméable rouge, il coûte combien ? C'est cher ?*

– *Et les bottes, elles sont chères ?*

– Bien faire pratiquer : *Les bottes sont chères, elles ne sont pas chères, ce n'est pas cher.*

– Relier le sens et l'intonation pour la dernière phrase pour montrer qu'elles sont contentes.

On peut rappeler qu'il s'agit de la même intonation que celle que le professeur utilise pour féliciter un élève : *C'est bien ! C'est très bien !*

• Vocabulaire (p. 40) •

• ***Les soldes*** ➟ toujours au pluriel ; ***les bottes*** ➟ généralement au pluriel.

• Le ***ça va*** (= c'est bien, c'est correct) de cette leçon est très fréquent et totalement différent de celui vu dans la leçon 1 (formule de salutation).

• Expliquer la formation des multiples de 100, très régulière et très simple.

On n'insistera pas, à ce stade, sur des subtilités comme : ***deux cents*** francs / ***deux cent vingt*** francs (si le mot *cent* est suivi d'un autre chiffre, il ne prend pas de -s).

Mais on peut indiquer que *mille* ne prend pas de -s au pluriel.

• Manières de dire (p. 40) •

• ***Je voudrais*** : préciser qu'il s'agit de la manière normale (polie) d'exprimer un désir, de demander quelque chose. On a déjà vu : ***elle veut*** (leçon 6). Indiquer que demander quelque chose en disant : ***je veux*** est considéré comme brutal, à la limite de l'impolitesse.

• ***C'est*** + adjectif singulier, nom (singulier ou pluriel) :

C'est génial, les soldes !

Insister sur la pause indiquée par la virgule.

Cette manière de s'exprimer est très courante et un peu familière. On peut la reprendre avec des exemples comme :

C'est facile, les mathématiques.

C'est très bien, le dernier film de Spielberg.

C'est cher, les jeans noirs ?

Il faut indiquer que : ***C'est génial !*** appartient au registre un peu familier.

Prononciation (p. 40)

L'objectif est double : travailler le son / ã / et mémoriser les nombres.

Écouter, répéter, mémoriser. On peut suggérer d'écrire les nombres au fur et à mesure de l'écoute.

Grammaire (p. 41)

4 • *C'est + ... / Ce n'est pas + ...*

• Cette structure peut répondre à différentes questions : *Qui est-ce ? Qu'est-ce que c'est ?*

• Le mot suivant peut être un nom propre, un nom commun, un adjectif...

• Insister sur le fait que :

ce ➟ *c'* + voyelle (*c'est*)

et que *ne* ➟ *n'* + voyelle (*ce n'est pas*).

ACTIVITÉ 6 (p. 40)

Jeu de rôles. À partir du dessin, proposer d'autres situations : on utilisera des personnes ou des objets de l'entourage.

Suggestion d'activités complémentaires

• Travailler avec des photos ou des images découpées dans des magazines de manière qu'on identifie difficilement la personne représentée (*Qui est-ce ?*).

• Dessiner (ou faire dessiner) au tableau une personne de la classe : *Qui est-ce ?*

• Le jeu de l'objet mystérieux (par exemple : *Le Catalogue des objets introuvables* de Carelman qui propose des objets très bizarres) : *Qu'est-ce que c'est ?*

ACTIVITÉ 7 (p. 40)

Jeu de rôles.

• Faire repérer les objets en vitrine, les couleurs et les prix.

• Faire jouer au client et au vendeur comme dans la vignette donnée en amorce. Les apprenants doivent mobiliser tout ce qu'ils ont appris dans cette leçon et dans la leçon précédente.

Attention ! tous les nombres n'ont pas été appris, on essaiera donc de se limiter à ceux de la page 40.

Suggestion d'activités complémentaires

• Si la classe veut bien se prêter au jeu, on peut « jouer à la marchande » : on rassemblera divers objets appartenant aux élèves et on organisera un « marché aux puces » imaginaire.

• On indiquera un prix sur chaque objet (on peut reprendre la technique des soldes : l'ancien prix barré, remplacé par un nouveau prix. On peut même préciser en gros – *50 %*).

• On désignera un vendeur ou deux. Les autres élèves sont les clients. Ils s'arrêtent devant l'étalage, touchent, commentent entre eux, discutent le prix avec le vendeur…

LEÇON 8

Objectifs

• **Communication**
– Demander une consommation (café, restaurant).
– Exprimer une préférence pour quelque chose.
– Demander le prix de quelque chose.

• **Grammaire**
– Conjugaison : la troisième personne du pluriel ; le verbe *prendre*.
– *Ça* sujet ou complément.
– *Est-ce que... ? / Qu'est-ce que... ?*
– *Il y a...* + nom singulier ou pluriel.

• **Vocabulaire**
– Nombres de 50 à 100.
– *Ça fait...*
– Les consommations.

• **Prononciation**
– Le rythme de la phrase.
– La discrimination orale : *Est-ce que... ? / Qu'est-ce que... ?*

SITUATION 1 (p. 42)

Objectifs
• Poser des questions pour s'informer sur la nature de quelque chose.
• Comprendre des manières de dire et de faire très courantes ; pouvoir y répondre.

Comment procéder ?
• Regarder l'image, comprendre la situation : où est-ce ? qui est en présence ? etc.
• Première écoute : comprendre les différents moments de la situation : 1. la commande ; 2. l'addition.
Pour cela, s'aider des deux appels (*S'il vous plaît !*) qui articulent ces moments : celui du début du texte et celui qui suit l'intermède. Se référer au vocabulaire.
• Deuxième écoute : faire repérer ce que Léo et Bénédicte veulent en utilisant les questions de l'**activité 1.**
  Bénédicte veut un thé ; Léo veut une bière française ; Bénédicte déteste les tomates.

Suggestion d'activités complémentaires
• On peut revenir si cela semble utile sur l'accord des adjectifs en utilisant les adjectifs et les mots du texte (*une bière anglaise ≠ un cocktail américain*).
• On peut travailler à partir d'une vraie carte présentant consommations et prix.

• Vocabulaire (p. 42) •

• On peut simplement faire remarquer que le mot **légumes** est très souvent au pluriel, et qu'ici, il est employé d'une manière un peu spéciale, qui sera étudiée plus tard et qui supprime l'article.
• Si la classe s'y prête, et si la curiosité des élèves vous y invite, vous pouvez aussi faire un petit historique culturel sur les nombres.
Dix-sept, *dix-huit* et *dix-neuf* ont suivi une formation différente des autres nombres entre 10 et 20 : ils ne viennent pas des nombres latins qui, par évolution phonétique, ont donné nos chiffres actuels, mais d'une formation « locale » : 10 et 7, 10 et 8, 10 et 9, de même pour 70, 80 et 90.

• Manières de dire (p. 42) •

Ça fait est toujours suivi d'**un résultat :** voilà ce qui doit être compris et retenu ; préciser qu'il peut être utilisé dans n'importe quel lieu (café, marché, école, etc.) tant qu'on donne le résultat d'une opération, quelle qu'elle soit. La question se fait avec le même mot qu'avec *ça coûte : Combien*, puisqu'elle porte toujours sur une quantité.

ACTIVITÉ 2 (p. 43)

Objectif

Différencier *ça coûte* de *ça fait*.

Comment procéder ?

Le prix des consommations est indiqué précédé de la mention *ça coûte* et, sur le dessin, chaque prix correspond à une consommation précise. Faire travailler les élèves par groupes de trois : deux élèves commandent chacun une consommation, le troisième précise la somme due : *Ça fait...*

Suggestion d'activités complémentaires

On peut également faire utiliser *Combien ça fait ?* (ou : *Ça fait combien ?*) et *Combien ça coûte ?* (ou : *Ça coûte combien ?*), en allongeant le dialogue, ce qui permet aux élèves de revoir l'interrogation, ainsi que du vocabulaire de la leçon précédente (car il est peu vraisemblable qu'on demande le prix d'un café avant de le commander).

Prononciation (p. 43)

ACTIVITÉ 3 (p. 43)

Objectif

Faire sentir le rythme de groupe : sujet + verbe, article + nom, apostrophes, etc. Ce genre d'exercice permet, peut-être mieux que des explications grammaticales complexes, de faire saisir combien certains mots sont indissociables.

Comment procéder ?

Écouter et répéter en ayant soin d'insister sur les pauses.

Grammaire (p. 43)

1 • Conjugaison : verbe *prendre*

• Faire bien noter les terminaisons constantes : le *vous* : **-ez** ; et le *ils / elles* : **-ent.**
• Mettre également l'accent sur **les variations de radical,** qui correspondent à **des variations de prononciation,** surtout entre la deuxième et troisième personne du pluriel.

2 • Le pronom *ça*

Ce mot revient dans différentes expressions depuis la première leçon. Mais il faut bien faire remarquer qu'il n'a pas toujours la même valeur.
Celle qui nous intéresse ici, c'est celle de démonstratif : il sert à désigner quelque chose de précis qu'on peut montrer du doigt (même si ce n'est pas très poli !) et qui est clair pour les deux interlocuteurs.

Bien insister sur le fait qu'il peut aussi bien remplacer un singulier qu'un pluriel, **mais qu'il ne désigne jamais des personnes.** Ce qui est montré par les exemples.

L'**activité 4** en est l'illustration (au sens propre, car sans image il n'y a pas de désignation possible).

Suggestion d'activités complémentaires

Vous pouvez continuer l'exercice en vous servant des objets qui se trouvent dans la classe ; ce sera en même temps une excellente occasion de réviser le vocabulaire déjà vu.

SITUATION 2 (p. 44)

Objectifs

Réutilisation du vocabulaire vu en Situation 1, complété par quelques expressions indispensables à connaître dans ce genre de situation.

Comment procéder ?

• Procéder comme pour la Situation 1, ce dialogue reprenant le même schéma.

• Repérer les éléments déjà connus, faire des rapprochements pour voir les différentes manières d'exprimer une même demande. Par exemple : *S'il vous plaît !... Ça fait combien ?* reprend *L'addition, s'il vous plaît !*

• Vocabulaire (p. 44) •

• Vous pouvez faire remarquer que, dans ce cas aussi, certains noms se construisent sans article dans la conversation donnée, comme **un sandwich jambon-beurr**e, mais que ces noms-là ont aussi un genre et fonctionnent habituellement avec un article : *le jambon, le beurre.*

• **Attention aux dizaines !** Les nombres 70, 80 et 90 présentent une formation originale qui semblet-il remonterait à une manière de compter gauloise, par dix et vingt, mais elle n'est que partiellement présente, puisque les autres dizaines viennent directement du latin !

• Inutile de faire noter, pour l'instant, les accords pluriels, l'écriture est donnée surtout pour faire bien **entendre la manière de dire ces chiffres.**

Suggestion d'activités complémentaires

• Faire noter au vol des numéros de téléphone. Ce peut être une occasion d'expliquer (en langue maternelle) comment sont attribués les numéros de téléphone en France.

Tous les numéros qui commencent par **01** sont situés en région parisienne, **02** dans le Nord-Ouest, **03** dans l'Est, **04** dans le Sud-Est et **05** dans le Sud-Ouest.

On peut commencer par des numéros faciles (02 22 43 56 ou 04 46 42 53 25) puis plus difficiles (01 76 80 95 ou 05 71 77 18 90).

• La série 70, 80, 90 est très difficile à maîtriser. Il faudra donc y revenir très systématiquement avec des exercices sur les prix ou sur les dates historiques, ce qui peut être l'occasion de parler de certains événements (par exemple : 1789, 1793, etc.).

• Manières de dire (p. 44) •

Et comme boisson ? est une expression à n'employer pratiquement que dans ce contexte et telle quelle. *C'est tout ?* en revanche peut être utilisé dans d'autres situations. On peut faire noter que la réponse peut être aussi une reprise : *C'est tout, merci.*

ACTIVITÉ 5 (p. 44)

Elle porte sur le texte et permet d'en vérifier la compréhension. Elle peut se situer aussi bien au milieu de l'étude de cette situation qu'à la fin en guise de conclusion.

1c : *Rémi veut une bière.*
2a : *Anna prend un jus de tomate.*
3e : *Il y a des sandwichs, des omelettes, des salades…*
4f : *Ça fait 14 euros.*
5g : *Rémi prend un sandwich.*
6d : *Anna préfère une omelette et une salade verte.*
7b : *Une omelette coûte 3,80 euros.*

Grammaire (p. 45)

3 • L'interrogation avec *Est-ce que* (*qu'* + voyelle)… ? et *Qu'est-ce que* (*qu'* + voyelle)… ?

Objectifs

Différenciation de sens et d'emploi de ces deux interrogatifs :
• Ces deux interrogatifs n'admettent pas, ainsi que tous les interrogatifs formés avec *Est-ce que*, d'inversion du sujet ; la phrase reste dans l'ordre « normal », mais la présence de ces mots insiste sur l'interrogation.
• Noter la différence de réponse : *Qu'est-ce que* exige un élément d'information dans la réponse, tandis que ce n'est pas le cas pour *Est-ce que* : on répond simplement par *oui* ou *non*.

4 • *Il y a*

Il y a est toujours au singulier mais il peut être suivi d'un groupe au singulier ou au pluriel.

Prononciation (p. 45)

ACTIVITÉ 6 (p.45)

Objectifs

Est-ce que et *Qu'est-ce que* peuvent poser un problème de compréhension si on ne fait pas bien la différence entre les deux : cet exercice permet de s'y exercer.

Comment procéder ?

Faire écouter et répéter.

Suggestion d'activité complémentaire

Les élèves peuvent essayer de répondre aux questions ou même d'en inventer d'autres sur le même modèle.

ACTIVITÉ 7 (p. 45)

Jeu de rôles. Plusieurs personnages dans un café. On peut faire travailler 3, 4 ou 5 élèves ensemble s'ils le souhaitent, en partant de la carte tenue par le personnage au premier plan. On peut faire jouer une scène reproduisant celles des situations 1 et 2 de cette leçon.

BILAN et STRATÉGIES

A - MAINTENANT VOUS SAVEZ...

Dans l'unité 2, trois points grammaticaux sont essentiels :

1 Les articles

C'est l'un des points les plus difficiles du français. Il faudra y revenir très régulièrement.
Il faut dire avant toute chose que :
– presque toujours, le nom est accompagné d'un « déterminant » qui est indispensable à son actualisation (il le spécifie). Par exemple, un article (unités 1, 2), un adjectif démonstratif (unité 4) ou possessif (unité 5) ;
– le déterminant porte les marques de genre et de nombre du groupe nominal.

On ne mentionnera pas, pour l'instant, le cas de l'article zéro qui sera abordé au niveau 2.

Comment faire sentir la différence entre article défini et article indéfini ?

a. L'article défini suppose l'existence et l'unicité. En emploi **spécifique**, il peut concerner un ou plusieurs individu(s) particulier(s) : *C'est le professeur de musique d'Agathe. – Faites les activités 3 et 4.* Il peut également avoir une valeur **générique** : *J'aime la musique et le sport.*

b. L'article indéfini est employé pour introduire un élément dont on n'a pas encore parlé : *Je voudrais un café. – Je voudrais des livres sur la Corée.* Il faut remarquer que l'article indéfini peut aussi avoir un emploi **générique** : *Une Suédoise brune, c'est rare* = Les Suédoises brunes, c'est rare.

On reprendra, avec des variantes, **l'activité 2** : *À Paris, il y a un musée du xixe siècle, c'est le musée d'Orsay.*

2 La négation

Pour l'instant, on ne donnera que **ne... pas**, sans indiquer qu'à l'oral, le *ne* tend à disparaître.
Ce point ne devrait pas être trop difficile dès lors qu'on parle au présent : les deux parties de la négation encadrent le verbe.
Attention à la différence entre *ne* (+ consonne) et *n'* (+ voyelle ou *h* muet). On fera pratiquer :
Il ne regarde pas la télévision. / Il n'aime pas la télévision.

3 Le pluriel

On dira simplement, à ce stade, que **généralement** le *-s* est la marque du pluriel. On n'insistera pas trop sur les pluriels terminés en *-x* (*beau/ beaux* mais aussi *délicieux/délicieux*).

Si cela s'avère nécessaire, on donnera la règle simple :

singulier en *-s, -x* ou *-z* ➡ pluriel en *-s, -x* ou *-z.*

Exemples :
un Français, des Français
Il est heureux, ils sont heureux
le nez, les nez

B - COMMENT FAIRE ?

Il s'agit, dans cette partie concernant les stratégies de communication, de donner aux élèves quelques outils simples leur permettant d'acquérir plus rapidement une certaine autonomie dans leur apprentissage.

• En classe
Les élèves débutants qui ne comprennent pas un mot, une expression, une règle ont généralement deux attitudes :
– ou bien ils demandent des explications dans leur langue maternelle. Mais le professeur n'est pas toujours de même langue maternelle qu'eux et, s'il l'est, le risque de faire presque tout le cours en langue maternelle est grand. Les élèves doivent aussi pouvoir demander des explications à des natifs ;
– ou bien ils n'osent pas dire qu'ils ne compren-

nent pas, en grande partie parce qu'ils ne savent pas **comment** le dire en français.

On veillera à bien vérifier l'accès au sens et à les encourager à réagir (en français) dès qu'ils ne comprennent pas. On peut introduire des expressions simples comme :
C'est compris ? C'est clair ? Ça va ? « Bateau », vous comprenez ?...

• Avec les Français
Les élèves doivent être capables, au plus tôt, de saluer, remercier, s'excuser, accepter ou refuser quelque chose, bref de prendre leur place dans un processus de communication.
Bien sûr, à ce stade, on se contentera de mots et d'expressions simples :
– *S'il vous plaît ;*

– *Pardon* (pour demander quelque chose). On peux introduire : *Excusez-moi* (comme *Pardon*, *Excusez-moi* est utilisé pour demander poliment quelque chose ou pour s'excuser);
– *Merci, merci bien, merci beaucoup ;*
– *Oui, merci ;*
– *Non, merci.*

À travers de petits jeux de rôles, on fera pratiquer intensivement ces formes de politesse qui, en France tout particulièrement, ont une grande importance dans les relations sociales.

On verra dans l'unité 5 comment décliner une invitation et s'excuser.

LEÇON 9

Objectifs

• Communication
– Demander son chemin (1), expliquer un itinéraire (1).
– S'informer sur les moyens de transport (1).
– Remercier (3).

• Grammaire
– *Où* + inversion du sujet.
– *Je voudrais* + infinitif.
– Articles définis et indéfinis (3).

• Vocabulaire
– *Une rue, une place, un boulevard.*
– *Tout droit, à droite, à gauche.*
– *Loin, près.*

• Prononciation
– Le son / u /.

SITUATION 1 (p. 48)

Objectifs

Savoir se situer dans l'espace, demander son chemin et comprendre les indications liées à un itinéraire.

On comprend que la touriste qui arrive à Paris (sac à dos) cherche un lieu (plan de Paris à la main). Le passant habite le quartier (il promène son chien) et donc peut la renseigner.

Comment procéder ?

• Faire écouter le dialogue d'abord en entier puis en trois parties :
– du début jusqu'au premier *Oui* ;
– de *Vous arrivez à une place* jusqu'au second *Oui* ;
– de *Après, vous tournez...* jusqu'à la fin.
Et, enfin, deux fois à nouveau en entier.

• On pourra mimer : **tout droit, à gauche, à droite** et faire un geste pour indiquer : **quatre** rues, **la première, la deuxième**.

• On fera remarquer à nouveau aux élèves par quels gestes de la main les Français indiquent les chiffres (gestes sans doute différents des leurs).

• On dessinera au tableau au fur et à mesure : tout droit - une place avec quatre rues - la première rue à gauche, puis la deuxième rue à droite. On laissera le plan au tableau pour l'**activité 1**.

• On fera comprendre les mots **gare, rue** et **place** en trouvant des exemples dans la ville des élèves. On écrira au tableau quelques noms de rues et de places de la ville où l'on se trouve.

ACTIVITÉ 1 (p. 48)

L'exercice demande beaucoup d'attention : le second itinéraire et le troisième sont presque identiques. Ce n'est qu'au dernier mot que l'on sait quelle est la bonne réponse.

Faire écouter les trois itinéraires autant de fois qu'il sera nécessaire.

Pour aller à la gare de Lyon, Elsa doit prendre l'itinéraire 3.

Prononciation (p. 49)

ACTIVITÉ 2 (p. 49)

C'est sur le rythme et sur l'intonation que l'on fera porter l'effort :
C'est facile ? (3)   Oui, c'est très facile (1/4) – C'est loin ? (2)   *Non, c'est tout près (1/3)*

Suggestion d'activités complémentaires
• **Itinéraires.** Choisissez un lieu assez près de l'endroit où se passent les cours de français. Demandez aux élèves :
– comment ils vont du cours de français à cet endroit. Par exemple :
Je prends la rue à gauche, je vais tout droit jusqu'à la place...
– comment ils vont de cet endroit au cours (ce qui est plus difficile).
Pour faciliter le travail, ils peuvent indiquer **le nom** des rues.

• **Jeu de rôles 1.** Un(e) élève joue le rôle d'un(e) Français(e) perdu(e) dans leur ville. Il (elle) se trouve à la mairie (à l'hôtel de ville) et demande comment aller à la gare ou à l'université. Il ne parle que français. Un(e) habitant(e) de la ville lui indique le chemin.

• **Jeu de rôles 2.** Nous sommes à Paris. Un(e) élève joue son propre rôle : il (elle) est perdu(e) et cherche la tour Eiffel, Notre-Dame, le jardin du Luxembourg.
Deux possibilités :
– ou l'on accepte les réponses fantaisistes en faisant porter l'accent sur les verbes *aller, prendre, tourner* et sur les noms *rue, place...* ;
– ou l'on travaille avec un vrai plan de Paris et l'on cherche à obtenir des réponses exactes.

ACTIVITÉ 3 (p. 49)

Le son /u/ tout seul ne devrait pas présenter de difficulté. On insistera sur le fait que ce son s'écrit toujours *ou*.

Suggestion d'activité complémentaire
Donner une série de mots ou de courtes phrases choisis parmi ceux des leçons précédentes et demander aux élèves de lever la main ou de taper sur la table lorsqu'ils entendent le son / u /.
– Exemples de mots :
*des cigarettes - un stylo - la **cou**sine - un étudiant - la danse - un journaliste - la cuisine.*
– Exemple de phrases :
*C'est un sac **rou**ge. – Vous **vou**lez un livre ? – C'est délicieux. – Ça c**oû**te cher. – Je **vou**drais des pommes. – C'est bon marché. – **Vou**s avez des sandwiches ?*

ACTIVITÉ 4 (p. 49)

Objectif
Apprendre aux élèves à se repérer sur un plan. On peut supposer que le fait de travailler sur de vrais itinéraires, à Paris, les motive.

Comment procéder ?

On pourrait à l'occasion de cet exercice exploiter des photos ou des diapositives représentant les lieux évoqués : le métro Saint-Placide, le boulevard Saint-Germain, la place de l'Odéon, la place Saint-Michel.

Ils n'auront sans doute pas de difficulté à choisir l'itinéraire le plus simple et le plus court (itinéraire B). En revanche, ils n'ont pas encore les outils leur permettant d'argumenter leur choix. En particulier, ils ne connaissent pas l'expression de la comparaison (qu'ils étudieront dans l'unité 4). Ils peuvent dire : *C'est facile, c'est très facile, c'est près, c'est tout près, ce n'est pas loin...*

Pour aller place Saint-Michel, l'itinéraire le plus simple est l'itinéraire B.

SITUATION 2 (p. 50)

Objectifs

Révision de l'interrogation (à propos d'un lieu) ; utilisation des moyens de transport.

Comment procéder ?

Il faudra expliquer ce qu'est **une concierge**. Au-delà de ses attributions (s'occuper des parties communes d'un immeuble), la concierge joue encore un rôle important à Paris, même s'il y en a de moins en moins. Elle sait tout de la vie du quartier, elle a la réputation d'être curieuse, un peu indiscrète et bavarde. La concierge fait partie du folklore parisien (littérature, dessins et caricatures, chansons, pièces de théâtre, films, etc.) depuis le XIXe siècle.

Dans ce dialogue, la concierge est telle que les Français l'imaginent généralement : gentille mais curieuse, plantée devant sa loge le balai à la main. Elle s'intéresse aux rendez-vous de sa locataire et la renseigne volontiers.

L'intonation aide à comprendre que la jeune fille n'a pas envie de dire avec qui elle a un rendez-vous.

• Vocabulaire (p. 50) •

a. *Elle a (un) rendez-vous avec...* On peut mentionner les deux formes, aussi fréquentes l'une que l'autre.

b. Noter la différence entre *le cinéma* et *la cinémathèque*. Si cette distinction n'existe pas dans la ville des élèves, on peut expliquer qu'à la cinémathèque, on passe de vieux films classiques. On peut leur faire observer (avec *Pariscope*, par exemple) la différence entre le programme des cinémas et celui de la cinémathèque.

c. Faire remarquer le singulier dans l'expression : *aller à pied*.
Faire remarquer que l'on dit *aller à pied* mais *aller en métro*. On peut introduire : *aller en bus, aller en train, aller en voiture, aller en avion...*

d. On donnera l'expression *Bonne soirée !* sans l'opposer pour l'instant à *Bonsoir*. L'intonation de la concierge doit faire comprendre qu'il s'agit d'un souhait.

Grammaire (p. 50)

Objectifs
3 • L'interrogation

Les trois formes interrogatives seront présentées comme équivalentes. Si la dernière (*Où allez-vous ?*) est la plus correcte, elle n'est pas la plus utilisée. On peut indiquer aux élèves que l'on choisit telle ou telle forme selon la situation de communication.

L'**activité 5** est simple : on demande de calquer le modèle, en ne changeant que le verbe. On le reprendra oralement.

Vous habitez où, Loulou ?

Où est-ce que vous habitez, Loulou ?

Où habitez-vous, Loulou ?

4 • Articles définis, articles indéfinis

Il est nécessaire de bien insister une fois encore sur cette différence. Exemples :

a. Vous arrivez à **une** place. Elle s'appelle… ? On ne sait pas. Il y a plusieurs places dans cette ville. Vous arrivez à **la** place Le Corbusier (il n'y a qu'une seule place Le Corbusier).

b. Vous prenez **la** deuxième rue à gauche (elle est unique, il n'y a qu'une deuxième rue à gauche).

c. Il y a **un** manteau sur la table. Oui, c'est **le** manteau de Noriko.

L'**activité 6** permet de revoir tous les acquis de la leçon.

C'est facile. Vous prenez la rue Linné jusqu'à la rue Buffon. Vous prenez la rue Buffon à gauche. Vous arrivez boulevard de l'Hôpital. La gare d'Austerlitz est là.

Suggestion d'activités complémentaires

• Un élève **mime**, les autres devinent :

C'est un monument à Paris ? L'Arc de Triomphe.

C'est un pont à Venise ? Le Rialto.

C'est une statue à New York ? La statue de la Liberté. Etc.

• À partir du plan servant de support à l'activité 6, on peut proposer différents **jeux de rôles**. Par exemple :

1. Vous habitez quai Henri-IV. Vous expliquez à un ami qui est au Muséum d'histoire naturelle comment venir chez vous.

2. Vous habitez rue Linné. Vous voulez aller quai Henri-IV. Quel est votre itinéraire ?

3. Vous habitez rue Linné. Vous devez aller à la gare d'Austerlitz. Quel est votre itinéraire ?

On peut également faire faire ces exercices à partir du plan de la ville où l'on se trouve. Par exemple : vous avez un ami français et vous lui expliquez comment aller de la gare à votre domicile.

• On peut reprendre comme contexte la Situation 2 de la leçon 8, en la modifiant un peu. Au restaurant, voici un menu :

Entrées	Plats	Légumes	Desserts
carottes	jambon	salade	glace
tomates	steak	frites	orange
hareng	omelette	carottes	gâteau

– Passer une commande :

Je voudrais des carottes, une omelette, des frites et une orange.

Je voudrais des tomates, un steak et un gâteau.

– Commenter les plats :

Le steak est dur, la glace est délicieuse.

LEÇON 10

Objectifs

- **Communication**
  – Faire ses courses.
  – Chercher un rayon dans un supermarché.
  – Choisir un produit, se mettre d'accord.

- **Grammaire**
  – Conjugaison (nous, vous) des verbes *avoir*, *aller, vouloir, prendre*.
  – Le pluriel en *-x*.
  – *Avoir besoin de...*

- **Vocabulaire**
  – La localisation : *devant, derrière, au fond, après...*
  – *Peser, payer*.
  – Quelques noms de rayons.

- **Prononciation**
  – Le rythme de la phrase.

SITUATION 1 (p. 52)

Objectifs
- Se situer dans l'espace (*ici* et *là*).
- Savoir s'informer.
- Exprimer une préférence : *je prends...*

Comment procéder ?
- Exploiter la photo. Faire repérer le lieu : un supermarché ; l'activité : faire les courses ; les personnages qui sont attendus : un homme et deux femmes...
- Écouter le dialogue une première fois en entier : faire remarquer qu'il y a deux moments différents. La photo correspond au second moment : les trois amis font les courses.
- Écouter et faire comprendre la situation des uns par rapport aux autres dans chacune des parties : dans la première, à qui s'adresse Maryse ? Qui cherche-t-elle ? Dans la seconde, Maryse, Agathe et Jean sont ensemble.
- Faire attention aux articles utilisés dans cette partie. Lorsque les personnages font référence aux articles notés sur leur liste, ils emploient l'article défini : *J'ai le café, les fruits...* (sous-entendu : « marqués sur la liste »), tandis que lorsqu'ils évoquent le désir des enfants ils parlent *des yaourts* en général, sans référence particulière, même lorsqu'ils les spécifient : *des yaourts avec des fruits*.
- Faire remarquer la forme : *le rayon charcuterie, le rayon crémerie* (et non : le rayon de la charcuterie). On peut dire qu'ici, le nom a valeur d'adjectif.

Remarque. On peut introduire le mot : *une liste*.

• Vocabulaire (p. 52) •

Il s'agit surtout d'un vocabulaire usuel. Certains mots sont d'emprunt relativement récent (*yaourt*), mais la plupart sont très traditionnels puisqu'ils touchent à un aspect très concret de la vie quotidienne. Ils ne posent pas de difficulté particulière. Il n'est pas encore conseillé de noter la différence entre LA charcuterie ou LA crémerie (le produit) et UNE charcuterie ou UNE crémerie (le magasin). Il faudra y revenir ultérieurement.

• Manières de dire (p. 52) •

***Avoir besoin de* + nom.** Cette expression est très usitée ; noter que le verbe se conjugue mais que *besoin de* reste invariable ; faire remarquer aussi l'absence d'article.

Prononciation (p. 53)

ACTIVITÉ 1 (p. 53)

Objectifs

Arriver à dire des phrases relativement longues en les découpant en « morceaux » rythmiques et avec l'intonation adéquate.

Comment procéder ?

Faire écouter et répéter, plusieurs fois si cela semble nécessaire, en insistant sur l'intonation (d'excuse pour la première phrase, d'interrogation pour la deuxième et la troisième).

Grammaire (p. 53)

1 • Conjugaison : la première personne du pluriel (*nous*)

La présentation de cette personne ne pose pas de problème particulier ; il faut bien souligner que le *nous* inclut toujours le *je*, mais peut représenter des groupes différents suivant le cas :

je + tu
je + vous
je + il ; je + elle
je + ils ; je + elles

N'apparaît dans cette leçon que le verbe *être*. Il faut souligner que cette conjugaison est très spécifique. La forme en *-ons* apparaît dans la Situation 2.

2 • Masculin, féminin et pluriel

Insister sur ce point :
masculin singulier + féminin singulier = masculin pluriel

Dans le texte, *ils* reprend *des amis*, déjà au masculin pluriel puisqu'il s'agit « d'un homme et d'une femme ». Même si, dans ces exemples, cette règle ne concerne que les noms ou pronoms (reprises nominales ou pronominales), l'adjectif qui accompagne le nom la suit aussi automatiquement. Dans une prochaine leçon, nous y reviendrons pour insister sur l'accord de l'adjectif.

L'**activité 2** concerne ces accords. Les images permettent de savoir si les noms désignent des hommes ou des femmes, et ainsi d'utiliser le pluriel correspondant. L'exemple montre qu'il faut compléter le nom et l'adjectif qui l'accompagne puis remplacer ce groupe par un pronom personnel : *ils* ou *elles*.

Rappeler que **les noms et les adjectifs terminés par *-s* au singulier ne prennent pas de marque spécifique du pluriel : ils restent invariables.**

   1 - Yukiko et Yuko sont des amies japonaises : elles parlent bien français.
   2 - Victor et Agathe sont des amis musiciens ; ils ne sont pas célèbres.
   3 - Monsieur et madame Dupont sont des journalistes français : ils adorent voyager.
   4 - Carmen et Conchita sont des étudiantes espagnoles : elles aiment bien la danse.

Suggestion d'activité complémentaire

Vous pouvez essayer d'exploiter les illustrations en repérant les points communs entre différents personnages et ainsi utiliser plus d'adjectifs pluriels. Exemple :
Yuko et Carmen sont grandes et brunes : elles ne sont pas françaises, mais elles parlent français.

3 • Masculin pluriel : -x (*un gâteau, des gâteaux*)

Cette règle concerne un nombre relativement important de mots français (noms et adjectifs), que l'on verra progressivement.

SITUATION 2 (p. 54)

Objectifs
- Comprendre l'opposition nous/vous.
- Voir un certain nombre de verbes à la 1ʳᵉ personne du pluriel.

Comment procéder ?
- Faire bien comprendre les différents moments et lieux qui correspondent aux deux illustrations :
  – Aline et Frank sont chez eux, ils vont sortir ;
  – ils sont ensuite au supermarché.
Se servir des illustrations d'abord, puis, à l'écoute, de mots clés comme *voiture*.
- Faire écouter le dialogue.
Souligner la différence entre *faire les courses* et *acheter quelque chose*. Pour cela, se référer à la Situation 1. Dire par exemple : *Aline et Frank font les courses ; Maryse, Agathe et Jean aussi. Maryse achète des gâteaux…*
- Bien noter que les courses se font en deux temps : lorsque Aline demande *Ça y est ?,* ils finissent les courses. Frank a acheté quelque chose (*ça*) qu'il tient à la main et qu'il doit peser. On peut faire remarquer que dans nos supermarchés, le client se sert souvent tout seul et pèse lui-même ce qu'il a pris, lorsqu'il s'agit de denrées vendues en vrac : fruits et légumes, etc. On ne sait pas ce que Frank veut peser.
- Faire écouter le dialogue une deuxième fois et faire à la suite l'**activité 3** pour vérifier la compréhension de l'ensemble.

• Vocabulaire (p. 54) •

Le lexique constitue en grande partie la difficulté de cette leçon. On le fera pratiquer au fur et à mesure des répliques.

• Manière de dire (p. 54) •

Ça y est ? Cette expression très courante peut être utilisée dans toutes sortes de circonstances, pour demander si on est prêt.

Grammaire (p. 55)

4 • Conjugaison (2)

Verbes présentés à la première personne du pluriel mais déjà vus à d'autres personnes : *aller, avoir, vouloir, prendre.*

La reprise de l'ensemble des personnes nous paraît indispensable, car il s'agit d'habituer nos élèves à l'idée que la forme du verbe change selon la personne. Certaines langues ne connaissent pas ce genre de flexion, et c'est une difficulté que les apprenants doivent surmonter en répétant ces formes (et en les apprenant).

Insister donc non seulement sur les **terminaisons** mais aussi, pour beaucoup de verbes, sur les **variations de radical**. Exemple :

vouloir ➠ 1ʳᵉ et 3ᵉ personne du sing. : *veu-* ; 1ʳᵉ et 2ᵉ du pluriel : *voul-* ; 3ᵉ du pluriel: *veul-*

Faire remarquer que la 1ʳᵉ (nous) et la 2ᵉ (vous) du pluriel ont toujours le même radical.

ACTIVITÉ 4 (p. 55)

Cette activité présente une double difficulté : elle oblige à un effort de compréhension du lexique (il faut employer le verbe adéquat), mais aussi à réfléchir et trouver la forme qui convient, donc à conjuguer ces verbes. Parfois, deux solutions sont possibles.

1 - Je vais faire les courses.

2 - Il prend un livre (ou Il a un livre).

3 - Elle prend le métro.

4 - Ça coûte combien ?

5 - Nous avons deux enfants.

6 - Vous êtes italien ? (ou Vous parlez italien ?)

7 - Ils habitent à Pékin.

8 - Elles sont étudiantes.

5 • Nous et vous

Objectif

Faire une première distinction entre le *vous* singulier (« vous de politesse ») que nous avons employé jusqu'à présent et le *vous* pluriel qui apparaît dans cette leçon ; au pluriel, il est le corollaire du *nous*.

Comment procéder ?

Lire les exemples, faire repérer quel(s) mot(s) remplace(nt) les pronoms.

Suggestion d'activités complémentaires

Utilisez ces différents pronoms en vous adressant aux élèves, suivis ou précédés d'un ou de plusieurs prénoms. Exemple : *X et Y, vous comprenez ?* ou *Et vous, Z ?*

À partir de maintenant, il sera utile d'employer le plus possible ces trois pronoms qui conviennent bien dans un dialogue pluriel, donc dans une situation de classe.

ACTIVITÉ 5 (p. 55)

Jeu de rôles. Formez des groupes qui vont reprendre les situations du marché ou supermarché suivant le cas. Les étudiants doivent maintenant être habitués à ce genre d'activité. Faites-leur préciser autant que possible les données de départ, ou aidez-les si nécessaire :

– Qui achète ? (il doit y avoir au moins deux acheteurs ensemble pour employer le *nous*)

– Quel est leur nom ?

– Que veulent-ils acheter ? (liste à faire : réutilisation des mots déjà vus)

– Qui joue le rôle du vendeur ? Que vend-il ? (il peut proposer aux acheteurs : *J'ai des pommes, des tomates...*)

La complexité du jeu va dépendre de l'investissement des étudiants dans cette activité et de leur volonté à jouer le jeu, mais il est utile qu'ils se mettent « en situation ».

LEÇON 11

Objectifs

• **Communication**
– Décrire les pièces d'un appartement.
– Discuter de ses avantages et inconvénients.
– Parler de sa localisation.

• **Grammaire**
– *C'est* + adjectif (2).
– Nom ou pronom + verbe + adjectif (2).
– Pluriel (4).
– *Combien de* + nom.
– Accord des adjectifs (rappel).

• **Vocabulaire**
– Les pièces de l'appartement, combien de m²...
– *Un étage, un immeuble, un quartier, un arrondissement.*
– Les ordinaux jusqu'à *cinquième*.

• **Prononciation**
– L'intonation exclamative : refuser quelque chose.

SITUATION 1 (p. 56)

Objectifs
Décrire un appartement, le situer.

Comment procéder ?
• On fera écouter le dialogue d'abord en entier puis en trois parties :
– du début jusqu'à *déménager* ;
– de *Ah ?* jusqu'à *immeuble neuf* ;
– de *Où est l'appartement ?* jusqu'à la fin.

• Lisa est devant **une agence immobilière** et regarde des petites annonces. Il n'est pas certain que ces agences existent dans le pays des élèves.
On peut expliquer (en langue maternelle) qu'en France, pour trouver un logement, on peut lire les petites annonces dans les journaux (certains sont spécialisés dans ce domaine) ou s'adresser à une agence immobilière qui cherche pour vous. On peut montrer des exemples authentiques de petites annonces (avec photos).

On expliquera le verbe **déménager** en montrant par exemple l'image d'un camion de déménagement avec des hommes chargeant des meubles : *Madame Lebrun déménage.*

Attention !
a. Lorsqu'on dit « un appartement de trois pièces », on ne compte pas la cuisine ni la salle de bains. On fera remarquer que l'on dit indifféremment salle de séjour (ou séjour) et living (ou living-room).
b. Bien distinguer **une pièce** (terme général) et **une chambre** (où l'on dort). On peut introduire *une salle* et *un bureau* (que l'on reverra à la leçon 12).
c. On dit plutôt **WC** dans les annonces mais en général, on dira plutôt : **les toilettes**.
d. Pour de nombreux pays, le quatrième étage... c'est le cinquième (en France, le rez-de-chaussée n'est pas considéré comme un étage).
e. Distinguer **une maison**, **un appartement** et **un immeuble** (avec plusieurs appartements).

• Expliquer qu'à Paris il y a vingt arrondissements et montrer sur le plan où se situe le sixième arrondissement. La rue de Rennes est dans le quartier de Saint-Germain-des-Prés, dans le sixième arrondissement ; c'est un quartier cher.

Attention à la différence entre **arrondissement** (terme administratif) et **quartier**. Dans un arrondissement, il y a plusieurs quartiers. Inversement, un quartier peut être à la jonction de plusieurs arrondissements (Montparnasse, par exemple).

ACTIVITÉ 1 (p. 56)

Jeu de rôles. On donnera aux élèves le verbe **visiter.** Ils ont à leur disposition différentes structures et un vocabulaire déjà assez riche pour mener ce jeu de rôles.

– *Je voudrais visiter l'appartement…*
– *D'accord. Très bien.*
– *Il y a trois pièces. À gauche, il y a une salle de bains.*
– *Ici, vous avez le séjour. Ici, il y a deux chambres.*
– *La cuisine est au fond, à droite.*
– *Est-ce qu'il y a une concierge ?*
– *L'immeuble est très beau, il est neuf…*

Prononciation (p. 57)

L'intonation expressive (refuser catégoriquement quelque chose).

On insistera sur l'intonation très marquée des trois phrases et sur leur rythme (2/5).

Grammaire (p. 57)

Objectifs
1 • La structure *C'est* + adjectif : *C'est cher, c'est beau, c'est grand…*

L'adjectif s'accorde avec **c'**, il est toujours « neutre », c'est-à-dire masculin singulier.
On peut donner d'autres exemples :
La France, c'est beau. Le Japon, c'est beau aussi.
La Chine, c'est grand. Les États-Unis, c'est grand aussi.

2 • L'interrogation

a. Sur le lieu. On rappellera la leçon 9 et les trois manières de poser la question (*Vous allez où ? Où est-ce que vous allez ? Où allez-vous ?*).

b. Sur la quantité. Attention, la réponse à la question *Combien de… ?* n'est pas toujours un nombre, comme l'**activité 3** pourrait le faire croire.
Par exemple : *Vous êtes là depuis combien de temps ? Depuis longtemps.*

Comment procéder ?
Faire faire l'**activité 3** par paires. Les élèves trouveront sans doute facilement : *garçon + fille* ➡ *enfants* (*cf.* leçon 5) et *combien de gares*. Ils auront peut-être plus de difficultés pour la deuxième phrase (le mot *voiture* est introduit ici).

1 - *Elle a combien d'enfants ?*
    Vous avez combien d'enfants ?   Deux, un garçon et une fille.

2 - *Il y a combien de voitures dans la rue ?*
   Vous avez combien de voitures ?   Deux, une Mercedes et une Honda.

3 - *Il y a combien de gares à Paris ?*   Quatre, la gare de Lyon...

SITUATION 2 (p. 58)

Objectifs

Décrire en détail un appartement, discuter de ses avantages et de ses inconvénients.
Le second dialogue est la suite du premier : Lisa entre dans l'agence et s'adresse à l'employé.

Comment procéder ?

• On fera écouter le dialogue entier : il présente peu d'éléments de vocabulaire nouveaux.
• Revenir sur *un deux-pièces, un trois-pièces, un joli trois-pièces*.
On peut faire sentir la différence entre *un **joli** trois-pièces* et *un **beau** trois-pièces* (le second est plus grand).
• Faire expliquer par les élèves ce qu'ils comprennent par *un quartier sympathique* en prenant des exemples dans leur ville. Agréable, plaisant mais aussi vivant, animé.
Le troisième arrondissement de Paris : dans le centre, populaire et animé (quartier de la République) mais tout près du Marais (quartier historique) ➠ un quartier « sympathique ».

• Vocabulaire (p. 58) •

• Un immeuble ***ancien*** (montrer des photos d'immeubles anciens - 1860, type haussmannien) / un immeuble ***neuf*** (années 1980-1990).
• Reprendre : *Et vous, vous habitez dans un immeuble ancien ou dans un immeuble neuf ?*
   Qu'est-ce que vous préférez, un immeuble ancien ou un immeuble neuf ?

• Manières de dire (p. 58) •

Pour expliquer ***Attendez...*** et ***Ah voilà !***, chercher un livre dans la bibliothèque ou un stylo dans un sac. Faire reprendre avec des mini-dialogues du type :

   – *S'il vous plaît, vous avez un stylo ?*
   – *Attendez, je cherche* (cf. leçon 5). *Ah voilà !*

ou

   – *Je voudrais un livre de Victor Hugo, s'il vous plaît.*
   – *Attendez. Je regarde. Ah, voilà ! Vous voulez « Les Misérables » ?*
   – *D'accord. Merci beaucoup.*

Grammaire (p. 58)

Objectif

Rappel des accords de l'adjectif et du nom.
Dans une énumération, il suffit qu'**un** nom soit masculin pour que l'adjectif soit masculin.
On peut plaisanter en citant **toutes** les filles de la classe + **un** garçon et montrer que, dans ce cas, l'adjectif sera masculin.

Les **activités 4 et 5** concernent cette règle. Les élèves ont vu dans les exemples : **la** chambre, **le** living.
Une cuisine et **une** salle de bains : le genre est précisé dans l'activité 5.

Comment procéder ?

Faire faire l'**activité 4** par paires. Pendant la correction, faire préciser l'accord. Par exemple :
Une robe = féminin singulier ➡ *très belle* = féminin singulier.

Une chambre très jolie - des appartements très grands - une robe très belle - une cuisine grande et moderne - des chambres trop petites - un immeuble neuf.

On remarquera que la chambre peut aussi être très belle et la robe très jolie.

L'**activité 5** est un peu plus difficile. Ici encore, on demandera aux élèves de justifier leur choix. Par exemple :
Une salle de bains = féminin singulier + *un living* = <u>masculin</u> singulier ➡ *très grands* = <u>masculin</u> pluriel.

Un appartement et un immeuble anciens - une salle de bains et un séjour très grands - une cuisine et des chambres très claires.

L'**activité 6** est peu difficile car une seule annonce (celle du milieu) propose un 2/3 pièces. Son objectif premier est d'apprendre aux élèves à lire une annonce et à décrypter un plan d'appartement.
Les annonces proposées n'utilisent pas d'abréviations (sauf WC), elles ne sont par conséquent pas difficiles à comprendre.

Suggestion d'activités complémentaires

• Demander aux élèves de dessiner au tableau le plan de leur appartement ou de leur maison et les faire commenter au fur et à mesure.

• Un peu plus difficile mais très amusant : le dos tourné au tableau, un élève explique le plan de son appartement. Un autre élève suit ses indications et le dessine au tableau au fur et à mesure. Le premier rectifie ensuite le dessin.

• Jeux de rôles

a. Vous invitez quelqu'un chez vous, vous lui faites visiter votre appartement.
b. Un élève cherche à vendre son appartement. Il rédige, aidé par les autres, une petite annonce puis fait visiter à un couple d'acheteurs.
c. Une annonce propose un appartement. Deux élèves le visitent avec l'employé de l'agence immobilière mais la réalité ne correspond pas au descriptif.

LEÇON 12

Objectifs

• **Communication**
– S'orienter, demander où se trouve une salle.
– Expliquer la localisation.

• **Vocabulaire**
– *Un bâtiment, une salle, une porte, un couloir, un ascenseur...*
– Les ordinaux jusqu'à *dixième*.

• **Grammaire**
– Conjugaison des verbes *voir, venir, se trouver* à toutes les personnes (sauf le tu).

• **Prononciation**
– Le son / j /.

SITUATION 1 (p. 60)

Objectifs
• Présenter une convocation officielle qui permette aux étudiants de se familiariser peu à peu avec ce type de document (administratif).
• Comment indiquer l'heure et le lieu : avoir des repères temporels et spatiaux précis.
• Introduire des mots qui concernent à la fois les études et le monde du travail.

Comment procéder ?
• Identifier le document, ce que permet la présentation (à gauche, de biais, simulant une feuille de papier), et relier le contenu du dialogue à ce document. Expliquer les termes principaux.
• La jeune femme pose une question : *Où ?*, elle s'informe donc sur le lieu. Aider les étudiants à reconnaître les termes contenus dans la convocation qui indiquent un lieu.
• Écouter la première partie du dialogue et faire préciser la situation : *Où est madame Martinez ? Où veut-elle aller ?* etc.
• Écouter l'ensemble du document : identifier les deux moments et lieux différents.
• Comprendre *là* et *ici* d'après la situation.
Dans le premier dialogue, avec qui parle Mme Martinez ? (avec le concierge). Où est-elle ? (devant la loge du concierge). Où veut-elle aller ? (au bâtiment B). Où est ce bâtiment B ? (au fond, là). Le concierge désigne un lieu qui se trouve un peu plus loin.
Dans le deuxième dialogue, avec qui parle Mme Martinez ? (avec la secrétaire). Où est-elle ? (dans un bureau, sans doute au bâtiment B, *cf.* convocation). Pour elle donc *ici*, le lieu où elle est.

L'**activité 1**, très simple, permet de voir si la compréhension est correcte.
1- C'est un stage de commerce international. – 2 - Le bâtiment B se trouve au fond, à gauche.

Suggestion d'activité complémentaire
On peut, en s'aidant de la « géographie » de la classe et des bâtiments où se déroulent les cours, retravailler cette localisation.

• Vocabulaire (p. 60) •

Un certain nombre de mots peuvent s'expliquer avec les illustrations ou les mots déjà connus, d'autres comme ***convocation*** sont peut-être tout simplement à traduire.

Le mot **salle** doit être précisé : il s'agit d'un lieu où on peut être en commun avec d'autres gens ; souvent un complément précise son utilisation : salle de classe, salle de cinéma, etc. Le différencier de **chambre**, vu dans la leçon précédente (= lieu où on dort).

Prononciation (p. 60)

Activité 2 : le son [j] pose parfois des problèmes de prononciation ; la diversité des manières dont ce son s'écrit ne facilite pas son identification. Ces graphies : *-ill-, -y-, -il*, correspondent à un seul et unique son. Il n'est donc pas inutile de bien l'identifier.

Grammaire (p. 61)

1 • Conjugaison

• *Voir* et *venir*

On peut faire remarquer que les désinences personnelles sont les mêmes pour les deux verbes, mais que *venir* a une variation supplémentaire de radical : la 3e personne du pluriel est différente des autres (comme *vouloir* ou *prendre*).
Insister sur l'apprentissage de ces formes.

• *Se trouver*

Faire remarquer le type de verbe : pronominal. Rappeler le verbe *s'appeler*. Nous verrons cette conjugaison un peu plus tard, le double pronom n'étant pas toujours facile à manier.

2 • *C'est + ici / là*

Opposer *ici* et *là* qui désignent soit un point rapproché du locuteur : **ici**, soit un point plus éloigné : **là**.
Insister sur le point de référence qui est toujours celui de celui qui parle.

ACTIVITÉ 3 (p. 61)

Cet exercice permet simplement de faire le point sur la conjugaison de ces verbes et d'entrevoir une des utilisations du verbe *venir* (dans certaines langues *aller* et *venir* ne se répartissent pas comme en français).

1 - Le bureau d'accueil ? Vous voyez cette porte ? C'est là.
2 - Ce garçon vient pour le stage de cuisine.
3 - Je vois la porte A mais où est le bâtiment B ?
4 - Ils viennent pour l'appartement.

SITUATION 2 (p. 62)

Objectifs
- Situer dans l'espace à l'aide des adjectifs démonstratifs.
- S'informer sur une localisation, comprendre les explications données.

Comment procéder ?

C'est un problème de localisation, il faut donc bien situer les différents moments dans les différents lieux, et les personnages ou les objets par rapport aux autres personnages ou lieux.

- Étudier la situation avant l'écoute : personnages en présence, contexte, lieux, situation, puis écouter l'ensemble en distinguant les différents moments.

Il y a quatre moments, séparés par (…) et, à l'oral, par des bruitages :
1. Trois personnes en présence : l'appariteur (inutile de faire retenir ce terme qui est vraiment spécifique) et les deux jeunes filles. Lieu : l'accueil, sans doute au rez-de-chaussée.
2. Au même étage devant l'ascenseur, mêmes personnages (seul l'appariteur parle).
3. En haut de l'escalier, au 4e étage. Toujours les mêmes personnages.
4. Dans le secrétariat ; la secrétaire en plus.

• Repérer les mots nouveaux et en particulier ceux qui accompagnent les noms, c'est-à-dire les adjectifs démonstratifs. Faire noter la différence avec les articles connus.
• Poser des questions pour vérifier la compréhension de l'ensemble et faire écouter une dernière fois.

• Vocabulaire (p. 62) •

Il ne pose pas de difficultés particulières ; rapprocher **secrétaire** de **secrétariat** pour marquer la relation entre les deux mots. Faire remarquer que le mot **secrétariat** est masculin (sa terminaison en / a / induit souvent les élèves en erreur).

Manières de dire (p. 62)

Cet ascenseur ne marche pas. Il ne marche pas. Il est utile de faire remarquer que cette expression peut s'appliquer à toutes sortes d'objets ou même à des idées (un plan qui ne marche pas), souvent sous la forme : *Ça ne marche pas !* On peut noter aussi qu'on l'emploie également à la forme affirmative : *Ça marche !*

ACTIVITÉ 4 (p. 62)

Il faut relier questions et réponses, ce qui permet de vérifier si les étudiants sont capables de relier les différents éléments de la localisation qui se correspondent.

Réponses : 1d – 2e – 3a – 4b – 5c.

Prononciation (p. 63)

ACTIVITÉ 5 (p. 63)

L'exercice porte sur les nombres ordinaux très souvent utilisés dans la localisation puisqu'ils indiquent un ordre dans une suite.
Cela permet de les apprendre jusqu'à dix (*dixième*) et de travailler sur le son « iè ».
Faire remarquer que le « *x* » de *sixième* et *dixième* se prononce « *z* », et que trois nombres (en plus de *premier* qui est totalement différent) sur les dix premiers subissent une altération : *quatre* perd le « *e* », *cinq* ajoute un « *u* » à l'écrit et *neuf* transforme le « *f* » en « *v* ».

Grammaire (p. 63)

3 • Les démonstratifs : *ce, cet, cette, ces* + nom

Leurs formes et leur place ne doivent pas poser de problèmes : on peut facilement les rapprocher des articles définis (même si le féminin est différent).

Attention !
a. Seule différence : la modification devant un nom masculin commençant par une voyelle : ***cet***.
Au singulier, **à l'écrit**, l'opposition masculin/féminin est toujours visible, **à l'oral, elle ne s'entend pas.**

b. Préciser que souvent le démonstratif peut remplacer l'article défini : *le, la, les* (mais pas l'indéfini), et qu'on ne peut pas avoir à la fois un article et un adjectif démonstratif qui accompagnent le nom.

ATIVITÉ 6 (p. 63)

Il est difficile de faire travailler les démonstratifs sans un contexte qui situe et « désigne ». C'est pourquoi nous avons choisi un jeu de questions/réponses qui permet de situer au minimum ce dont on parle.
La difficulté pour les élèves réside surtout dans la nécessité de connaître le genre des mots.

1 - cette musique ; 2 - ce bâtiment ; 3 - ces livres ; 4 - ces photos.

ACTIVITÉ 7 (p. 63)

Trouver les objets perdus et expliquer où ils se trouvent.
Les démonstratifs situant surtout les objets ou les personnes dans l'espace, il semble important de les faire travailler, même avec un jeu assez simple, dans une image qui reproduise un espace.
Trouver les objets perdus n'est pas difficile, mais expliquer où ils se trouvent l'est déjà plus. Cela devrait permettre de retravailler l'ensemble des mots permettant de situer dans l'espace en même temps que les démonstratifs.
Les élèves peuvent s'aider d'un dictionnaire et expliquer la situation d'autres objets dans le dessin *(un bâtiment, l'arbre, le banc…).*

BILAN et STRATÉGIES

A - MAINTENANT VOUS SAVEZ...

1 **Utiliser la structure : Sujet + verbe +...**

Cette structure, déjà vue dans le premier bilan, est ici comparée aux **structures interrogatives**, qui peuvent être différentes selon :
– le mot interrogatif employé :
Est-ce que et **qu'est-ce que** : + sujet + verbe + ?
mais :
Où et **qui** : + verbe + sujet + ?
– la manière de parler du locuteur :
Par exemple : *Vous avez des fruits ?* ou : *Avez-vous des fruits ?*

Il y a quatre possibilités pour l'interrogation :
a) **Sujet + verbe + ... + ?**
b) **Verbe + sujet + ... + ?**
c) **Interrogatif + sujet + verbe + ?**
d) **Interrogatif + verbe + sujet + ?**

À noter :
– l'intonation est toujours marquée ;
– à l'écrit, le point d'interrogation est toujours indispensable, même dans le cas de l'interrogation par simple intonation (pour certaines langues, ce n'est pas le cas).

2 **L'accord en genre et en nombre** des noms, des déterminants et des adjectifs, à l'intérieur d'un même groupe :
– **nom masculin ➡ adjectif masculin**
– **nom masculin pluriel ➡ adjectif masculin pluriel**
– **nom féminin ➡ adjectif féminin**
– **nom féminin pluriel ➡ adjectif féminin pluriel**
– **nom(s) masculin(s) + nom(s) féminin(s) ➡ adjectif masculin pluriel**

Les déterminants suivent les mêmes règles que l'adjectif.

Activité 1 – Accord en genre et en nombre des adjectifs
1 - des enfants jeunes
2 - un quartier et une rue anciens
3 - des amis chinois
4 - une chambre neuve
5 - des femmes jolies
6 - des légumes chers

3 **Les différentes constructions avec *c'est***

Il s'agit d'une révision de ce qui a été vu jusqu'à présent.

Activité 2
On doit répondre en se rapportant aux trois illustrations.
C'est le père de Paul.
C'est un ticket de métro.
C'est là, c'est ce bâtiment.

B - COMMENT FAIRE ?

• En classe : comprendre le dictionnaire
Montrer l'utilité des éléments « annexes » d'un dictionnaire, en particulier les précisions de genre pour les noms et les variations de forme pour les adjectifs.

Activité 3
Il s'agit d'un travail de recherche très simple. Faire bien remarquer le genre des mots recher-chés et noter que dans ce texte, les articles (au singulier) permettent de connaître le genre des mots. On peut faire remarquer qu'avec l'article *l'*, on ne peut pas savoir quel est le genre du nom (*l'arbre* mais *l'armoire*).

cour : n.f. – derrière : prép. – arbre : n.m. – sous : prép. – banc : n.m. – ballon : n.m.

Suggestion d'activité complémentaire

Faire faire des phrases avec ces mots en ajoutant des adjectifs qu'il faudra accorder.

Par exemple : *cour (petit) – arbre (grand et vert)*…

• **Avec les Français : demander son chemin**

Activité 4

C'est une réutilisation des savoir-faire étudiés dans cette unité.

Peut-être peut-on insister sur la notion d'orientation à partir d'un plan en précisant en particulier que les plans en général, en France, sont orientés toujours dans le même sens : le nord est vers le haut (ce n'est pas toujours le cas partout), et c'est à la personne qui regarde le plan de se situer par rapport à cette donnée.

Comment procéder ?

Donner un point de référence aux étudiants et leur préciser l'exercice. Par exemple :

– *Vous allez de la gare Saint-Lazare au Louvre. Expliquez comment vous y allez.*

ou :

– *Vous demandez votre chemin* (et un 2e étudiant répond).

On peut aussi choisir d'autres points de départ et d'arrivée, en faisant travailler les étudiants deux par deux.

Et… bonne visite !

LEÇON 13

Objectifs

- **Communication**
  - Se situer dans le temps, parler de son emploi du temps.
  - Exprimer un jugement, une appréciation.
  - Tutoyer/vouvoyer.

- **Grammaire**
  - Les verbes du deuxième groupe (ex. : *finir*).
  - + le verbe *dormir*.
  - La deuxième personne du singulier.
  - Les pronominaux (suite).

- L'expression de la cause : *Pourquoi…*, *Parce que…*

- **Vocabulaire**
  - Les jours de la semaine.
  - L'heure (1).
  - *Être prêt, être en retard.*
  - *Avoir de la chance.*

- **Prononciation**
  - Compréhension orale : discrimination du *tu* et du *vous*.

SITUATION 1 (p. 66)

Objectifs

- Présenter le tutoiement, dans le cadre de relations familiales.
- Introduire la notion de temps, avec les jours de la semaine. Première approche de l'heure.

Comment procéder ?

- Faire remarquer la situation familiale : poser des questions sur les liens entre les personnages. Exemple :

Qui est Louise ? C'est la fille de madame Durot, etc.
- Souligner que la mère s'adresse aux deux enfants ensemble.
- Écouter le dialogue en deux parties :
  - du début jusqu'à *il est huit heures vingt* : en insistant sur *être prêt* (proposer : *Vite ! Tu es prêt ?* ou *Alors, ça y est ? Tu es prêt ?*) et sur *être en retard*. On peut réutiliser des situations de la classe (*Tel élève arrive souvent en retard ; Tiens, vous êtes en retard ; Excusez-moi, je suis en retard*) ;
  - de *Je n'aime pas le lundi* jusqu'à la fin.
- Noter au tableau les jours de la semaine.
- Faire repérer sur un calendrier les jours que Cyril aime et ceux qu'il n'aime pas.
- Faire remarquer la manière de dire l'heure : *il est + heure.*
- Réécouter l'ensemble pour vérifier si les diverses expressions ont été bien comprises.

Remarque. On peut noter que pour le primaire et le collège, il n'y a pas une heure uniforme de début des cours pour toute la France. Le primaire commence souvent le matin à 8 h 30, mais ce n'est pas une règle générale; le collège peut aussi bien commencer à 8 h qu'à 8 h 30 ou même 9 h. De même, les écoliers et collégiens travaillent la plupart du temps le matin **et** l'après-midi quatre jours par semaine (lundi, mardi, jeudi et vendredi) et une demi-journée supplémentaire **soit** le mercredi matin, **soit** le samedi matin. Il existe aussi, en ce qui concerne les écoles primaires, des zones où les enfants ne travaillent que quatre jours par semaine mais ont des vacances plus courtes.

• Vocabulaire (p. 66) •

Le mot *semaine* n'apparaît pas dans le dialogue, mais il nous a semblé très utile, puisque tous les jours de la semaine sont présentés ici et qu'en général c'est une réalité bien connue.

• Manières de dire (p. 66) •

On se contente ici d'une première approche de la manière de dire l'heure.
Se situer dans le temps est le thème de cette unité, nous reviendrons donc plus loin sur cette question.

ACTIVITÉ 1 (p. 66)

Elle doit permettre de se familiariser avec la manière de dire l'heure et de revoir les chiffres.
A. Il est 10 h 5.   B. Il est 3 h 20.   C. Il est 1 h 25.

Grammaire (p. 67)

1 • Conjugaison : la deuxième personne du singulier (*tu*)

L'apprentissage de **la forme** de cette personne ne pose pas de problème particulier, sinon qu'il faut bien insister : il s'agit toujours d'**un singulier**. À noter que c'est la personne la plus régulière : elle se termine pratiquement toujours par « s » ! (sauf *pouvoir, vouloir* et *valoir*, mais il est inutile de le préciser aux étudiants pour l'instant).
Nous reprenons volontairement toute la conjugaison de chaque verbe, pour bien situer chaque personne à sa place traditionnelle (telle que les élèves la trouveront dans les grammaires).
Le verbe *dormir* est mis en relief car il n'était pas apparu jusqu'à présent. Si on le compare à *venir*, on peut faire remarquer que les terminaisons des personnes sont les mêmes mais que les radicaux alternent différemment.
On peut faire remarquer aux élèves que les verbes terminés par *-ir* à l'infinitif ne forment pas un groupe homogène, contrairement à ceux terminés en *-er* qui constituent ce qu'on appelle **le premier groupe**, groupe très régulier (la seule exception est le verbe *aller*).

2 • Opposition tu / vous

Cette opposition représente la plus grande difficulté de l'emploi de ces deuxièmes personnes. Il faut donc beaucoup insister sur la notion de **situation.**

Objectifs

On voit ici que :
– l'opposition entre singulier et pluriel : tu = 1 / vous = 2 ou plus ;
– l'usage pour **les enfants : ils se tutoient entre eux, et les adultes les tutoient.**
– l'usage dans **la famille** : tous les membres se tutoient. Il est rare qu'on se vouvoie en famille actuellement, mais on peut faire remarquer que cela existe encore.

Comment procéder ?

Faire repérer l'opposition singulier/pluriel (dessins 1 et 3) et la rapprocher de la Situation 1, et identifier les relations entre les différents personnages.

ACTIVITÉ 2 (p. 67)

A/ L'enfant : Maman, tu vois le garçon, là ?
La mère : Oui. Qui est-ce ?

L'enfant : C'est Cyril, un ami.   *Réponse 3 : un enfant ➡ un adulte*
La mère : Tu joues avec lui ?
L'enfant : Oui.

B/ Aline : Tu viens, Frank ? Nous allons faire les courses.
Frank : D'accord. Les enfants, vous restez à la maison.
                                    Réponse 4 : deux adultes, famille

C/ Anna : Tu aimes le mercredi ?
Victor : Oui, beaucoup. Et toi ?   *Réponse 1 : deux enfants*
Anna : J'adore !

D/ Léo : Qu'est-ce que vous voulez, Bénédicte ? Un café ? un chocolat ?
Bénédicte : Un thé, s'il vous plaît.   *Réponse 5 : deux adultes*

E/ Le père : Tu es prêt, Daniel ?
Daniel : Oui, papa, j'arrive.   *Réponse 2 : un adulte ➡ un enfant*

Faire écouter plusieurs fois si nécessaire pour aider à repérer : les *tu* et *vous*, ainsi que les termes désignant la famille.

3 • La négation : *ne* + verbe + *pas... ni... ni...* ou : *ne* + verbe + *ni... ni... ni...*

Ni = et (ne) pas, et il est **obligatoire** lorsqu'on fait une liste négative. Si le verbe est à la forme négative, on n'utilise pas *et pas* mais *ni*.

ACTIVITÉ 3 (p. 67)

L'image constitue une amorce : précisez qu'on peut se tutoyer ou se vouvoyer, ou bien imposez le tutoiement comme donnée pour travailler cette personne de conjugaison. Cette activité doit permettre une révision du vocabulaire déjà vu. Exemples :
– *Tu aimes le tennis ?*
– *Je n'aime pas le tennis, ni le foot, ni le judo.*

Suggestion d'activités complémentaires

Autres possibilités :
– *Tu vas au cinéma ou au théâtre ?*
– *Je ne vais ni au cinéma, ni au théâtre ! Je n'aime ni le cinéma ni le théâtre, etc.*

– *Vous êtes espagnol ou italien ?*
– *Je ne suis ni espagnol ni italien.*

Mots déjà vus qu'on peut utiliser : la musique (classique, moderne), le cinéma, le théâtre, la danse, les adjectifs de nationalité, les professions, les adjectifs de couleur, les vêtements, etc.
Attention à certains verbes suivis d'articles partitifs ou à la forme négative de l'article zéro !
Exemple :
– *Tu veux du fromage ou un yaourt ?*
– *Je ne veux (pas de) ni fromage ni (de) yaourt.*
Évitez le verbe *vouloir* !

SITUATION 2 (p. 68)

Objectifs
- Reprendre et approfondir la manière d'exprimer l'heure.
- Introduire les verbes *commencer* et *finir*, qui permettent de délimiter le temps.
- Interroger sur la cause et répondre.
- Les verbes pronominaux du premier groupe.
- Porter un jugement.

Comment procéder ?
- Faire écouter une première fois le dialogue. Poser des questions en variant les interrogatifs pour vérifier la compréhension.
- Faire remarquer l'interrogation sur la cause et les raisons données. Expliquer les mots *pourquoi* et *parce que* en reprenant par exemple des dialogues précédents où ils peuvent s'insérer.
Exemples (leçon 12) :
– *Pourquoi madame Martinez cherche le bâtiment B ? Parce que sur la convocation, il y a : Accueil des stagiaires : 9 heures, bureau d'accueil du bâtiment B.*
– *Pourquoi ils prennent l'escalier ? Parce que l'ascenseur ne marche pas.*

- Relever les différents moments de la journée : le matin et l'après-midi, en vous aidant des heures.
- Faire remarquer l'expression *avoir de la chance* : **mais éviter la forme négative** car elle s'emploie avec l'article zéro qui ne sera vu que beaucoup plus tard.

• Vocabulaire (p. 68) •

Il est très important dans cette leçon. Vérifier qu'il a été bien compris : certains mots peuvent être traduits pour qu'il n'y ait pas d'équivoque (les notions liées au temps sont très subjectives).

• Manières de dire (p. 68)•

Ces expressions trouvent leur place facilement en expliquant la situation des deux personnages.

Grammaire (p. 68)

4 • Conjugaison

La conjugaison du **verbe *avoir*** est ici complète, insister sur le « s » muet, marque de la 2e personne.
Le **verbe *finir*** (2e groupe) est à rapprocher de *dormir* et *venir* pour mieux souligner la différence de conjugaison, bien sûr, mais surtout d'appartenance à un groupe régulier.
Précisez qu'il **n'existe que deux groupes réguliers**, ce qu'on appelle généralement le 3e groupe n'ayant aucune unité de conjugaison et regroupant tous les verbes qui ne sont ni dans le premier, ni dans le deuxième !
Lorsque le dictionnaire indique 2e groupe, qu'est-ce que cela veut dire concrètement ? Que le verbe se conjugue comme *finir*, avec les **mêmes terminaisons** (*-s, -s, -t, -ssons, -ssez, -ssent*) et la **même variation de radical** (*fini-* au singulier et *finiss-* au pluriel).

5 • Les verbes pronominaux : *se lever* et *s'appeler*

Le verbe *s'appeler* est déjà familier aux élèves, au moins aux 1re et 3e personnes du singulier et à la 2e personne du pluriel.
Insister sur la présence du pronom complément en plus du pronom sujet, c'est la caractéristique de ces verbes. Préciser que ce pronom se trouve toujours entre le sujet et le verbe.
Faire remarquer que la conjugaison (le changement des marques de la personne) est la même que

pour les verbes non pronominaux du même groupe ou du même type.
Attention ! les deux verbes présentés ont une variation de radical. Il suffit de le faire remarquer sans essayer d'entrer dans des explications complexes, inutiles peut-être à ce stade.

ACTIVITÉ 4 (p. 69)

1 - Je me lève à sept heures.
2 - Nous nous appelons Victor et Sophie Veyan.
3 - Tu t'appelles comment ?
4 - Vous vous levez tard ?
5 - Le secrétariat se trouve au deuxième étage.
6 - Les caisses se trouvent au fond à droite.

6 • Interrogation sur la cause : *Pourquoi ?* ➡ *parce que*

Cette structure ne pose pas de problème. Il faut souligner qu'elle est très courante et se construit de manière très simple. Pour l'interrogation, noter que dans un dialogue *Pourquoi ?* peut suffire mais qu'il peut aussi être suivi d'une phrase entière surtout à l'écrit.

ACTIVITÉ 5 (p. 69)

*1 - Pourquoi Cyril n'est pas prêt ? **Parce qu'il se lève tard.***
*2 - **Pourquoi Cyril aime le mercredi et le dimanche ?** Parce qu'il dort le matin.*
*3 - Pourquoi Lionel déteste le lundi ? **Parce qu'il se lève tôt.***
*4 - **Pourquoi Lionel aime le mardi ?** Parce qu'il commence par deux heures de gymnastique.*

LEÇON 14

Objectifs

• **Communication**
– Décrire son emploi du temps.
– Dire l'heure.
– Choisir entre le *tu* et le *vous*.

• **Grammaire**
– Conjugaison : *faire, sortir* et *prendre.*
– *On* dans le sens de *nous.*
– L'article contracté : *au, aux, du, des.*

• **Vocabulaire**
– Les différents moments de la journée.
– L'heure (familière).

• **Prononciation**
– Les liaisons avec le mot *heure.*

SITUATION 1 (p. 70)

Objectifs
• Le tutoiement entre adultes amis ou collègues.
• Se situer dans le temps :
– donner des explications sur un emploi du temps, sur les différents moments de la journée, parler de ses habitudes ;
– dire l'heure de manière familière.

Comment procéder ?
C'est un dialogue riche en vocabulaire, il faut donc travailler par étapes en expliquant les mots et la situation au fur et à mesure, à l'aide du « Vocabulaire » et de la rubrique « Manières de dire ».
• Les trois premières répliques ne comportent aucune difficulté, tous les mots sont connus. Après observation de la photo, on peut donc faire écouter directement ces répliques et poser des questions sur la situation : le lieu, les personnes présentes, l'heure.
• Faire remarquer le tutoiement, si aucun élève ne l'a remarqué.

Les quatre répliques suivantes portent sur le rythme habituel des jours de semaine, les transports en commun et le travail.
• Faire repérer **pourquoi** Florence et Julien sont là : ils vont au bureau, au travail (mot à expliquer). Expliquer *il y a beaucoup de monde* : relier cette phrase à l'heure indiquée (souligner la manière dont Julien dit l'heure : *8 heures et demie*). Si dans le pays où vous êtes, les horaires sont différents, établir un parallèle, cela aidera à comprendre qu'il s'agit de l'heure de pointe, et permettra de mieux saisir le sens de : *tout le monde* et *les gens.*
• Expliquer l'expression **comme ça** : elle indique un parallèle, une assimilation avec ce dont on parle, ce dont on vient de parler ou ce dont on va parler.
Ici ***Tout le monde fait comme ça*** = à 8 heures et demie, tout le monde prend le métro, à 9 heures tout le monde est au travail.

Faire faire l'**activité 1** pour expliquer ***Pas toi ?*** (= Et toi, tu ne fais pas comme ça ?); on peut la faire faire oralement en disant l'heure de manière familière.

Julien	***Florence***
8 h 30 il prend le métro	*10 h elle commence le travail*
9 h il commence le travail	
6 h il sort du travail	*7 h elle sort du travail*

Les trois dernières répliques complètent cette idée de routine avec l'expression bien connue qui termine le texte et lui sert de titre : « Métro, boulot, dodo ». Il faut expliquer qu'il s'agit d'une expression très connue, et qui emploie des **mots familiers** : *boulot, dodo*, difficiles à employer hors de ce contexte, pour un étranger.

Le *boulot = travail* est un mot très familier ; il est utile de le connaître pour comprendre ce que disent les Français, mais si on est débutant en français il vaut mieux dire « le travail ».

Dodo vient du verbe *dormir* ; *faire dodo = dormir* ; c'est un vocabulaire enfantin ; un adulte ne l'emploie qu'avec des enfants très jeunes.

Distinguer aussi *se coucher* et *dormir* ; faire remarquer l'abréviation *la télé = la télévision*.

Suggestion d'activités complémentaires

• On peut faire travailler les élèves par groupes de deux ou trois en reprenant tous les termes qui indiquent un moment de la journée (le matin, le midi, le soir) ainsi que les verbes opposés : *se lever ≠ se coucher, commencer ≠ finir* ou *sortir, partir ≠ rentrer* ou *arriver*, etc., et les faire parler de leur emploi du temps.

• Si on veut faire travailler sur la différence *les gens – tout le monde*, voici une activité complémentaire pour comprendre leur sens et leur emploi.
Insister sur :

les gens = ils : pluriel ≈ tout le monde : singulier

Tout le monde, les gens, ils : complétez.
D'habitude, le lundi, ... va au travail ; mais .... n'aiment pas ce jour de la semaine : .... se lèvent vite, ... prennent le métro ou le bus et .... vont au travail. Eh oui, ... préfère le dimanche !

Cet exercice doit permettre de comparer les emplois de ces deux expressions, et faire remarquer qu'on ne répète pas *les gens*, on le remplace par le pronom *ils*, tandis que *tout le monde* ne peut pas être remplacé par les pronoms jusqu'à présent étudiés.
(*Tout le monde – les gens – ils – ils – ils – tout le monde*)

Prononciation (p. 71)

ACTIVITÉ 2 (p. 71)

La première série relève toutes les liaisons possibles. Faire répéter plusieurs fois si nécessaire. Les liaisons sont un élément essentiel de la prononciation française.

Le mot *heure* n'existe pratiquement jamais tout seul. Faire noter sur le livre les liaisons (en rouge si nécessaire) par un trait qui fait le pont entre les deux lettres liées. Par exemple :
une heure [ynœR], deux heures [døzœR], quatre heures [katRœR], cinq heures [sɛ̃kœR], sept heures [setœR], neuf heures [nœvœR], douze heures [duzœR].
Ensuite, reprendre ces heures données avec des extraits des diverses situations où elles apparaissaient.

Grammaire (p. 71)

1 • Conjugaison

Faire et *sortir* : c'est la première fois que leur conjugaison est étudiée.

Faire : ce verbe est indispensable à connaître. Il présente certaines irrégularités soulignées dans le livre de l'élève et qu'il faut bien retenir.

Sortir : faire noter que ce n'est pas un verbe du 2ᵉ groupe ; il a la même conjugaison que *dormir*.

Prendre : seule la deuxième personne est nouvelle, les autres ont déjà été vues leçon 10.

2 • Le tutoiement entre amis ou, souvent, entre collègues de travail

Objectif

Montrer qu'entre deux adultes le tutoiement est aussi possible que le vouvoiement, dans certaines circonstances.

Comment procéder ?

Dans l'exemple (a), celui de cette leçon, les deux personnages se tutoient et s'appellent par leurs prénoms. Ils ont l'air de se connaître. **Des amis se tutoient, en général.**

Dans l'exemple (b), qui reprend le dialogue de la leçon 10, Jean ne connaît pas la vendeuse, il l'appelle *madame* et la vouvoie ; la vendeuse fait la même chose vis-à-vis de Jean. C'est une règle élémentaire de politesse : **lorsqu'on ne connaît pas quelqu'un, on le vouvoie.**

Dans l'exemple (c), qui reprend le dialogue de la leçon 8, Léo connaît Bénédicte (il l'appelle par son prénom) mais il la vouvoie ; plusieurs éléments peuvent l'expliquer :
– la différence d'âge entre les deux personnes ;
– les rapports entre eux : ils se connaissent mais ne sont pas vraiment amis ;
– la génération à laquelle ils appartiennent, etc.

Généralement on vouvoie les personnes qu'on connaît peu, et, dans le travail, s'il y a une différence hiérarchique, le vouvoiement est presque toujours de rigueur entre les deux personnes, un patron et un ouvrier par exemple, ou un directeur et un employé, etc.

Il y a toujours réciprocité.

Préciser qu'il est toujours prudent de vouvoyer les personnes qu'on rencontre tant qu'elles n'ont pas précisé qu'on peut les tutoyer.

ACTIVITÉ 3 (p. 71)

Objectifs

• Faire utiliser le *tu* et le *vous* entre adultes : les deux consommateurs doivent se tutoyer entre eux et vouvoyer le garçon qui les vouvoie également.

• Revoir le vocabulaire étudié dans l'unité précédente et réemployer celui vu dans cette leçon.

Comment procéder ?

Utiliser les dessins et les bulles de dialogue comme une amorce. On peut limiter le champ de la conversation ou, si les élèves en sont capables, les laisser libres d'imaginer un garçon bavard qui parle de son travail, un(e) ami(e) qui est fatigué(e) par ses horaires, etc.

SITUATION 2 (p. 72)

Objectifs

• Comprendre l'emploi simultané du *tu* et *vous* dans une situation : un jeune vouvoie une personne plus âgée qui le tutoie, parce qu'elle le connaît.

• Utilisation très fréquente du *on* à la place du *nous*.

• La forme contractée des articles définis.

Comment procéder ?

- Comprendre la situation : écouter la première phrase, et regarder l'image : Lucie tutoie Guillaume et l'appelle par son prénom, elle le connaît donc bien.
- Guillaume explique ce qu'il fait : faire repérer les expressions connues : *faire les courses…*, noter le moment de la journée et le jour, et les manières de le dire.
- À l'aide du dessin, expliquer le premier sens de ***midi* (= 12 h)**, ainsi que *le déjeuner* et *manger* : vous pouvez introduire si vous le souhaitez le verbe *déjeuner* qui signifie « manger à midi », et qui est à l'origine du nom *le déjeuner*.
- Revenir ensuite au dialogue. Qui mange ensemble ? Guillaume et sa mère = *nous* ; mais que dit Guillaume ? ***On*.**
- Poser des questions pour faire un rappel sur les jours d'école en France.

Faire écouter l'ensemble du dialogue et mettre en relief la question de Guillaume : il vouvoie Lucie.

• Vocabulaire (p. 72) •

Vous pouvez maintenant faire (ou faire faire aux élèves) un tableau regroupant les principaux moments de la journée : le matin, le midi…

• Manières de dire (p. 72) •

le mercredi : insister sur **l'emploi de l'article défini**, qui a ici sa **valeur générale** de ***tous les…***, ou ***le… en général***.

Grammaire (p. 72)

3 • Conjugaison

Aller : seule la deuxième personne est nouvelle, on a déjà étudié les autres personnes à la leçon 10. Mais ce verbe étant un semi-auxiliaire très utile, il est indispensable d'en rappeler la conjugaison.

4 • Les articles contractés : *au, aux ; du, des*

Il faut faire remarquer que c'est une règle qui ne concerne que les formes ; il n'y a aucune alternative : **c'est obligatoire et systématique.**
Attention ! tous les pluriels sont concernés, alors qu'au singulier, seul l'article *le* subit ces contractions.

ACTIVITÉ 4 (p. 73)

C'est un exercice d'application systématique. La difficulté réside dans le choix de la préposition et la nécessité de se souvenir (ou de retrouver) le genre des mots concernés.

1 - C'est le bureau des inscriptions.
2 - L'accueil est au bâtiment B.
3 - Ils sortent du métro.
4 - Vous tournez à gauche, au carrefour.

5 • *On = nous*

C'est une évidence pour quiconque vit en France : dans la langue parlée le pronom *on* remplace presque systématiquement le pronom *nous*, dans tous les milieux et toutes les occasions. Le *nous* apparaît comme « soutenu », recherché, et semble de plus en plus réservé à l'écrit.

6 • *Tu* et *vous*

L'essentiel du problème a été vu lors de l'écoute de la Situation 2.

Toutefois, il faut préciser qu'en général les adultes :

– tutoient tous les jeunes qu'ils considèrent comme des enfants ;

– tutoient les jeunes (après 15 ou 16 ans) qu'ils connaissent ;

– vouvoient les jeunes qu'ils ne connaissent pas.

Mais il n'y a pas de règle absolue, même si vouvoyer un petit enfant est extrêmement rare !

Les enfants et les jeunes, eux, vouvoient tous les adultes sauf les membres de leur famille et parfois les amis très proches de leurs parents.

ACTIVITÉ 5 (p. 73)

Objectif

Faire employer le tutoiement et le vouvoiement dans des situations « construites ».

Comment procéder ?

Donner des rôles (distribuer les cartes !) et faire jouer les situations proposées.

On peut limiter le jeu en restreignant les sujets de conversation : parler des horaires (de classe, pour les enfants), des activités extra-scolaires, des goûts, etc. Il faut tenir compte du vocabulaire encore assez réduit dont disposent les élèves, qui restreint forcément les possibilités.

Suggestion d'activité complémentaire

On peut profiter de cette occasion pour présenter certaines habitudes culturelles françaises : la manière de recevoir, la place des enfants dans les familles, les jeux (à évoquer : le jeu des sept familles), etc.

LEÇON 15

Objectifs

- **Communication**
  - Se situer dans le temps.
  - Parler de son travail.
  - Parler du temps qu'il fait.

- **Grammaire**
  - Les verbes impersonnels « météorologiques ».
  - *On = les gens, on = nous* (2).
  - *C'est* + adjectif (révision).

- **Vocabulaire**
  - Les saisons, le temps qu'il fait.
  - Les travaux des champs.

- **Prononciation**
  - Le son / ã /.

SITUATION 1 (p. 74)

Objectifs
- Parler de son emploi du temps en fonction des saisons.
- Parler des travaux des champs.

L'image indique qu'il s'agit d'un entretien. M. Lebrun a un micro devant lui.

Comment procéder ?
- Avant de lancer le document sonore, on exploitera l'image : il y a une journaliste et un cultivateur. Il est alsacien (on montrera sur une carte de France où se situe l'Alsace).
Éventuellement, on peut (en langue maternelle) faire dire aux élèves si ce cultivateur correspond ou non à leur représentation des paysans français et leur demander d'expliciter leur réponse.

- Faire écouter le document en trois parties :
1. du début jusqu'à : *Il fait très chaud l'été !*
Reprises :
- C'est dur, la vie des cultivateurs ? Oui, c'est dur, surtout l'été (l'été surtout).
- Pourquoi ? On se lève tôt, on se couche tard.
- On se lève tôt ou tard ? On se lève à cinq heures.
- En Alsace, il fait chaud ou froid ? L'été, il fait très chaud.
On peut rapidement exploiter l'environnement des élèves, faire appel à leur vie quotidienne :
- Ici, la vie des cultivateurs, c'est dur aussi ?
- Et ici, l'été, il fait chaud ou il fait froid ?
- L'été, vous vous levez tôt ou tard ?

2. de *Qu'est-ce que vous cultivez ?* jusqu'à *en Alsace.*
Expliquer à l'aide de photos ou de dessins *le blé, la vigne.*
Reprises :
- Qu'est-ce qu'il cultive ?
- Et ici, les cultivateurs, ils cultivent aussi le blé ?
- Ici, qu'est-ce qu'on cultive ?

On pourra donner : *le riz, le maïs, les pommes de terre.*

Suggestion. Avec une carte du monde indiquant les principales cultures céréalières, faire détailler (*En Thaïlande, on cultive le riz…*).

Reprises :
– En Alsace, il pleut souvent en octobre.
– Et ici, quand est-ce qu'il pleut ? En octobre aussi ?
– Et en hiver, il pleut ? Il fait froid ?

Suggestion d'activités complémentaires

• Avec un calendrier, faire indiquer aux élèves le temps qu'il fait dans leur pays à différentes saisons. On peut, sans y insister, donner la totalité des mois de l'année. On peut donner également, si nécessaire, *il neige.*
Exemples : Printemps (avril, mai, juin) : il fait beau.
Été (juillet, août, septembre) : il fait chaud mais il pleut.
Automne (octobre, novembre, décembre) : il pleut, il fait froid.
Hiver (janvier, février, mars) : il fait très froid, il neige.

• Proposer des images caractéristiques des différentes activités selon les saisons et les faire légender.
Exemples : En septembre, les enfants vont à l'école.
En octobre, on fait les vendanges.
En juillet ou en août, on part en vacances.

3. De *Et l'hiver ?* jusqu'à la fin
Reprises :
– L'hiver, qu'est-ce qu'il fait ?
– Il a des bêtes : des vaches, des poules, des lapins…
– Il travaille toujours ; les cultivateurs travaillent toujours.
– Il y a toujours quelque chose à faire ; M. Lebrun a toujours quelque chose à faire.

On peut introduire *soigner les bêtes.*

Grammaire (p. 75)

Objectif

Introduire les formes impersonnelles : les verbes impersonnels (*il fait froid, il fait chaud, il pleut…*) et le *on.*

Comment procéder ?

On précisera qu'en français, le mot *temps* a deux sens :
1. – Tu viens ? – Non, je n'ai pas le temps.
On pourra donner l'expression : *Le temps, c'est de l'argent.*
2. – Quel temps fait-il en Italie ? – Il fait un très beau temps, il y a un beau soleil.
Insister sur le fait que le verbe impersonnel est toujours à la troisième personne du singulier et que le *il* ne représente personne.

ACTIVITÉ 1 (p. 76)

1 - Faux.   2 - Vrai.   3 - Vrai.   4 - Je ne sais pas.   5 - Vrai.   6 - Vrai.

Suggestion d'activités complémentaires

1. Dans les phrases suivantes, *il* est-il personnel (il représente quelqu'un) ou impersonnel ?
– Il cultive le blé et le maïs. (*personnel*)
– Il se lève à cinq heures et il se couche à onze heures. (*personnel*)
– Il pleut et il y a des nuages. (*impersonnel*)
– Il fait très chaud en juillet. (*impersonnel*)
– Il a toujours quelque chose à faire. (*personnel*)
– Il y a toujours quelque chose à faire. (*impersonnel*)

2. Relier.
1 - On aime le fromage   a - aux États-Unis
2 - On cultive le riz   b - en Italie
3 - On adore la pizza   c - en France
4 - On mange des hamburgers   d - en Asie

1-c ; 2-d ; 3-b ; 4-a

Remarque. Bien insister sur le fait que même si *on* représente un pluriel, il est suivi d'un verbe à la troisième personne du singulier. Exemples :
Aux États-Unis, <u>on voyage</u> souvent en avion.
À la campagne, l'été, <u>on travaille</u> beaucoup.
(on = les gens, en général)

SITUATION 2 (p. 76)

Objectif

Discuter des projets à court terme. Parler du temps qu'il fait.
L'image donne peu d'indications sur le contenu du dialogue mais il n'y a que quelques mots nouveaux.

Comment procéder ?

• On fera identifier les trois personnes : un garçon (Stan) et deux jeunes filles (Sophie et Anne), des étudiants qui boivent un verre à la terrasse d'un café.
On essaiera de faire préciser la saison : l'été ou l'automne, il fait beau.
• Faire écouter le dialogue entier.

Reprises :
– Qui fait les vendanges ? Stan ? Anne ? Sophie ?
– Pourquoi Stan ne fait pas les vendanges ?
– En général, il fait les vendanges ? Et cette année ?
– Pourquoi Anne n'aime pas les vendanges ?
– Sophie est d'accord ? Pourquoi ?

ACTIVITÉ 2 (p. 76)

Objectif

Les élèves doivent repérer la terminaison du verbe : *-ent* ➡ **les gens**

Comment procéder ?

Insister sur le fait que les deux phrases :

En Espagne, on mange tard.   et   *En Espagne, les gens mangent tard.*

ont exactement le même sens.

1 - les gens ; 2 - on ; 3 - les gens ; 4 - on ; 5 - on

PRONONCIATION (p. 76)

On indiquera aux élèves que pour prononcer le son / ã /, les lèvres sont légèrement arrondies et la bouche assez largement ouverte. Faire travailler l'opposition / ã / et / a / (pour le son / ã /, les lèvres sont moins arrondies et la bouche un peu moins ouverte). *Exemple :* il est char**m**a**n**t, il **a** tre**n**te **an**s. Pour rendre l'exercice plus facile, les phrases à cocher comportent toutes deux fois le son **/ ã /**. On fera écouter l'enregistrement autant de fois qu'il sera nécessaire.

Script des phrases enregistrées :
1. Les ve**n**da**n**ges, c'est fatig**an**t. **(+)**
2. Il est cinq heures.
3. Monsieur Lebrun est cultivateur.
4. Il y a des **g**e**n**s intéress**an**ts. **(+)**
5. Flor**en**ce habite en Fra**n**ce. **(+)**
6. Je vais à Dijon. Et toi ?
7. J'aime la ca**m**pagne au print**em**ps. **(+)**
8. Il pleut souv**en**t, au print**em**ps. **(+)**

ACTIVITÉ 4 (p. 76)

Objectif

Repérer des villes sur une carte. À diverses reprises dans la méthode, on propose aux élèves d'effectuer des repérages sur la carte de France ; cela leur permet de se familiariser avec la géographie et d'aborder, même sommairement, quelques aspects de la culture française.

Comment procéder ?

- Les aider à repérer ces villes en introduisant *le nord, le sud, l'est* et *l'ouest.*
- Puis développer un peu. Dans cette leçon, par exemple, on pourra proposer des photos :
  - représentant les paysages caractéristiques de l'Alsace et de la Bourgogne,
  - représentant les deux grandes villes de ces deux régions, Strasbourg et Dijon.

Suggestion d'activités complémentaires

On peut montrer aux élèves (à l'aide de dépliants touristiques) ce qui caractérise ces deux régions.
a. L'Alsace : le vin blanc, la bière, la charcuterie (les saucisses), les cigognes…
Strasbourg : la cathédrale, le Parlement européen…
On peut donner une recette caractéristique : la choucroute alsacienne.
b. La Bourgogne : les paysages, le canal, le vin, le cassis…
Dijon : les toits de couleur, le pain d'épice, la moutarde…
On peut donner la recette d'un apéritif très célèbre en France et originaire de Dijon, le kir (vin blanc ou champagne + quelques gouttes de liqueur de cassis).

ACTIVITÉ 5 (p. 77)

Objectif

Différencier les deux structures :
a. Les glaces sont bonnes.
b. Les glaces, c'est bon.

Avec *c'est*, l'adjectif reste invariable, il ne s'accorde **ni en genre** (*La Thaïlande, c'est beau*) **ni en nombre** (*Les États-Unis, c'est grand*).
Plusieurs réponses sont possibles.

1 - Les États-Unis, c'est grand (c'est intéressant, c'est cher...).
2 - L'Italie, c'est beau (c'est intéressant, c'est joli...).
3 - Le musée du Louvre, c'est grand (c'est cher, c'est intéressant...).
4 - Le français, c'est dur (c'est intéressant, c'est facile...).
5 - Les vendanges, c'est amusant (c'est fatigant, c'est dur...).
6 - La vie des cultivateurs, c'est dur (c'est fatigant, ce n'est pas facile...).

ACTIVITÉ 6 (p. 77)

Objectif

Introduire l'expression de l'obligation (*avoir quelque chose à faire*).

Comment procéder ?

On peut reprendre avec :
– Monsieur Lebrun travaille beaucoup ?
– Oui, il a toujours quelque chose à faire.

– À la campagne, les gens travaillent beaucoup ?
– Oui, ils ont toujours quelque chose à faire.

– Et vous, vous travaillez beaucoup ?
– Oui, j'ai toujours quelque chose à faire.

1 - Les étudiants	*ont*	*un examen à passer.*
2 - Vous	*avez*	*des courses à faire.*
3 - Tu	*as*	*une leçon à apprendre.*
4 - M. Lebrun	*a*	*les vendanges à finir.*

ACTIVITÉ 7 (p. 77)

Objectif

Travailler à partir de la carte de France.

1 - À Toulouse,	*il y a des nuages mais il fait chaud.*
2 - À Paris,	*il y a un peu de soleil, il fait 24°.*
3 - À Dijon,	*il pleut mais il ne fait pas froid.*
4 - À Brest,	*il pleut et il fait froid.*
5 - À Marseille,	*il fait beau et chaud.*

Suggestion d'activité complémentaire

Travailler à partir de la carte météo du pays de l'apprenant.

LEÇON 16

Objectifs

- **Communication**
  - Parler de son emploi du temps (2).
  - Parler du temps qu'il fait (2).
  - Comparer différents modes de vie.

- **Grammaire**
  - *On = les gens* (2), *on = nous* (3).
  - Les comparatifs : *plus* + adj. ou adv. + *que*, *moins* + adj. ou adv. + *que*
  - Le genre des noms de pays, prépositions et noms de pays.

- **Vocabulaire**
  - La météorologie.
  - Les noms de pays.

- **Prononciation**
  - Le son / r / en finale.

SITUATION 1 (p. 78)

Objectif

Parler du temps qu'il fait ; parler de son emploi du temps quotidien.

L'image indique que l'une des interlocutrices est à son bureau dans une ville où il fait très chaud (il y a un ventilateur) alors que l'autre est chez elle.

Comment procéder ?

- Avant de faire écouter le dialogue, présenter les interlocutrices :
- Elle, c'est Élisa. Elle est espagnole, elle habite à Séville (en Andalousie, dans le sud de l'Espagne). Elle est au bureau (au travail).
- Elle, c'est Anne, elle est française, elle habite à Paris. Elle est à la maison.

- Faire écouter en deux parties :
1. du début jusqu'à *Et il pleut*

Reprises :
- Elles sont amies ? (faire remarquer qu'elles se tutoient)
- Il est quelle heure à Paris ? Et à Séville ? C'est l'été ou l'hiver ?
- Anne, qu'est-ce qu'elle fait ? Où elle est ?
- Il fait beau à Séville ? Il fait chaud ? (faire remarquer qu'il ne s'agit pas exactement de la même chose : ***il fait beau*** = il y a du soleil, le ciel est bleu, il ne pleut pas… ; ***il fait chaud*** peut signifier : le temps est lourd, orageux, humide…).
- Et à Paris, il fait quel temps ? Qui a de la chance ? Anne ou Élisa ? Pourquoi ?

Relances :
- Et ici, à huit heures, les gens travaillent encore ?
- Vous, à huit heures, qu'est-ce que vous faites ?
- Ici, on commence le travail à quelle heure (*cf.* leçon 14) ?
- On termine le travail à quelle heure ? On dîne à quelle heure ?

2. de *Vous arrivez quand ?* à la fin
– Anne part avec qui ? (elle dit <u>on part, on arrive</u> : elle ne part donc pas seule).
– Elle part en vacances (*Enfin les vacances*).

• Montrer sur une carte d'Europe la distance Paris-Séville. Anne part dimanche matin et elle arrive à Séville lundi soir. On peut demander aux élèves d'indiquer dans quelle ville Anne et sa famille peuvent faire étape le dimanche soir (Burgos ou Madrid, par exemple).
• On peut en profiter pour préciser que les Français ont de 5 à 6 semaines de congés payés, qu'ils prennent l'essentiel de leurs vacances entre le 15 juillet et le 31 août et qu'ils choisissent le plus souvent le Sud (la mer Méditerranée).

Relances :
– Et vous, vous allez en vacances où ?
– Vous partez deux semaines ? Trois semaines ?
– Vous partez quand ? En été ?

ACTIVITÉ 1 (p. 78)

Objectif
Détailler l'emploi du temps d'une journée.
On peut étendre cet exercice à l'emploi du temps des élèves : Qu'est-ce que vous faites à treize heures ? à quinze heures ? à vingt heures ? à vingt-deux heures ?

À 1 heure,	en Espagne, on travaille	en France, *on déjeune*
À 2 heures,	en Espagne, on déjeune	en France, *on travaille*
À 3 heures,	en Espagne, *on fait la sieste*	en France, on travaille
À 7 heures et demie ou à 8 heures	en Espagne, *on travaille*	en France, on dîne
À 10 ou 11 heures	en Espagne, *on dîne*	en France, *on regarde la télévision.*

PRONONCIATION (p. 78)

Objectif
Le son / r / en finale.

Comment procéder ?
Le son / r / est moins difficile en finale que lorsqu'il se trouve en initiale, devant une consonne ou en position intervocalique.
La pointe de la langue est abaissée contre les dents ; on entend l'air passer dans la gorge.
Faire répéter d'abord : rrr, rrr (comme un léger ronflement).
En finale, le / r / est doux : *encore – je pars – au revoir.*

Grammaire (p. 79)

Objectif
Le comparatif de supériorité et d'infériorité.

Comment procéder ?
On n'abordera pas, dans cette leçon, le comparatif d'égalité qui présente une difficulté particulière puisqu'il varie selon qu'il y a un adjectif (ou un adverbe) ou un nom (*elle est **aussi** riche que lui ; elle a **autant** d'argent que lui*).

Avec **plus** et **moins**, le régime est le même, qu'il s'agisse d'un adjectif, d'un adverbe ou d'un nom. Bien faire noter la structure : *plus... **que**..., moins... **que**...*

ACTIVITÉ 3 (p. 79)

1 - Paola est moins grande qu'Élisa.
2 - À Paris, il fait moins chaud qu'à Madrid.
3 - Le dôme des Invalides est moins haut que la tour Eiffel.
4 - Le Pont-Neuf est plus ancien que le Pont-Royal.

Suggestion d'activités complémentaires
• Mettre côte à côte quelques élèves de la classe et les amener à comparer leur taille.
• Demander les dates de naissance de certains élèves et faire comparer les âges.
• Montrer un tableau indiquant le relevé des températures de janvier à juillet dans leur ville et faire établir des comparaisons.
• Prendre les températures du 1er août dans quatre ou cinq villes et faire comparer.

ACTIVITÉ 4 (p. 79)

Objectif
Rappel du pronom *on*. Il est important de revenir à nouveau sur le *on*, omniprésent en français parlé, surtout lorsqu'il signifie *nous*.

Comment procéder ?
• Rappeler que *on* peut signifier : **moi + toi** ou **moi + lui / elle** ou **moi + vous** ou **moi + eux / elles**. Proposer un exemple pour chacun des cas.
• Faire expliciter pour chaque phrase ce que signifie le *on* (par exemple, dans la première phrase d'exemple, *on* = toi + moi + d'autres personnes éventuellement ; dans la phrase 4, *on* = Élisa + moi + d'autres personnes éventuellement).

1 - on dîne = nous dînons.
2 - on part = nous partons.
3 - on aime = les gens aiment.
4 - on sort = nous sortons.

SITUATION 2 (p. 80)

Objectif
Comprendre **oralement** un bulletin météo.
Les élèves ont déjà vu une carte météo dans la leçon précédente. L'image les aide à comprendre ce que dit le présentateur.

Comment procéder ?
• Faire écouter en deux temps :
1. du début jusqu'à *de 0 à 3°*
– Bien montrer sur la carte le nord, le sud (également l'est et l'ouest). Préciser que sur les cartes françaises, le nord est toujours indiqué en haut et le sud en bas (ce n'est pas le cas dans toutes les cultures).
– On peut faire citer les pays d'Europe du Nord que les élèves connaissent : la Suède, la Norvège,

le Danemark, l'Allemagne… La France est entre le Nord et le Sud mais le présentateur la classe dans les pays du Nord.
– Bien distinguer **le temps** (il fait beau, il pleut, il neige…) et **la température** (0°, 10°, 19°). Au cas où, dans le pays des élèves, la température est mesurée grâce à une échelle différente (Farenheit, par exemple), donner les équivalents.
– Bien insister sur la façon de donner la date : *Aujourd'hui, nous sommes le 1er décembre.*

Reprises :
– Et aujourd'hui, nous sommes le … ? (on peut introduire : *Nous sommes le combien, aujourd'hui ? Combien* a été vu dans la leçon 7 dans *Combien ça coûte ?*).
– Il fait quel temps en Allemagne ? Et en France ?
– Il pleut au Danemark ?
– Il fait quelle température à Berlin ? Et en Suède ?

Suggestion d'activité complémentaire
Faire travailler l'expression de la comparaison. Exemple :
À Berlin, il fait plus froid qu'à Paris mais moins froid qu'au Danemark.

2. de *Dans le Sud* jusqu'à la fin

Reprises :
– En Espagne et au Portugal, il pleut ? Non mais il y a des nuages.
– Température *normale* pour la saison, *basse* pour la saison, *élevée* pour la saison.
– En Grèce, il fait chaud ? Oui, il fait très chaud pour la saison.

Prononciation (p. 80)

Objectif
L'écriture du son / r / en finale. Il s'agit d'un exercice de « phonie-graphie ».

Comment procéder ?
On fera remarquer que :
– le *-e* muet ne s'entend pas dans *boire, faire, lire, écrire.* (Dans *voir* et *boire*, le mot se termine par le même son : / war /. Idem pour *sourire* et *courir* : / rir /.)
Il faut donc apprendre au fur et à mesure l'orthographe de ces verbes.
– lorsque le mot se termine par deux consonnes, elles sont toujours suivies d'un *-e* muet.
Exemples : *être, moderne, un imperméable, septembre, octobre, décembre, apprendre…*
– le plus souvent, la consonne finale ne se prononce pas : *je sors* (/ sɔr /) – *il sort* (/ sɔr /) – *je pars* (/ par /) – *il part* (/ par /) – *je cours* (/ kur /) – *il court* (/ kur /)…

Grammaire (p. 81)

Objectifs
a • Les noms de pays
Ce point est important puisque les élèves seront amenés fréquemment à dire d'où ils viennent et où ils vont ou encore à parler des pays qu'ils connaissent.

Comment procéder ?
1. On fera remarquer tout d'abord que, à de rares exceptions près, **tous les pays sont précédés d'un article.**
2. Il existe quelques règles. Par exemple, **tous les noms féminins se terminent par -e** (sauf Mexique, Cambodge, Zaïre, Zimbabwe et Mozambique).

Attention ! malgré les apparences, les noms de pays qui se terminent par *-a* sont tous masculins (le Nigeria, le Ghana, le Canada, etc.).

3. Essayer de faire découvrir ce qu'il y a de commun entre Cuba, Saint-Domingue, Malte, Singapour, Chypre, Madagascar, Java… Ce sont des îles lointaines. Préciser que la règle n'est pas absolue : on ne supprime l'article que pour les noms masculins d'îles lointaines (on dit la Sicile, l'Islande, la Nouvelle-Zélande…).

b • Les prépositions indiquant la destination et la provenance
• Je vais, j'habite, je suis…
– **en** Russie, **en** Iran, **en** Irlande (noms féminins + noms masculins commençant par une voyelle)
– **au** Viêt-nam (nom masculin commençant par une consonne)
– **aux** États-Unis (nom pluriel)
– **à** Paris, **à** New York, **à** Istanbul, **à** Singapour, **à** Cuba (noms de villes **ou** noms masculins d'îles lointaines)

• Je viens, je rentre, je reviens, je suis originaire…
– **de** Russie, **d'**Iran, **d'**Irlande (noms féminins + noms masculins commençant par une voyelle)
– **du** Viêt-nam (nom masculin commençant par une consonne)
– **des** États-Unis (nom pluriel)
– **de** Paris, **de** New York, **d'**Istanbul, **de** Singapour, **de** Cuba (noms de villes ou noms masculins d'îles lointaines)

ACTIVITÉ 7 (p. 81)

Attention à Singapour et Cuba (pas d'article).
1 - En avril, Anne et Éric partent au Japon. Ils aiment les voyages : ils connaissent déjà la Chine, l'Indonésie, la Corée et Singapour.
2 - Qu'est-ce que vous préférez ? Passer un mois en Espagne ou deux semaines aux États-Unis ?
3 - Je voudrais aller cet été aux Pays-Bas ou en Allemagne. Et vous ?
– Moi, je voudrais habiter un an en Espagne, au Mexique ou à Cuba pour apprendre l'espagnol.

ACTIVITÉ 8 (p. 81)

On peut faire faire cette activité à l'aide de brochures touristiques. On peut développer ce jeu de rôles en introduisant des informations sur le climat, sur les prix…

Suggestion d'activités complémentaires
• Faire recenser par les élèves les pays qu'ils connaissent. On peut les classer par continents.
Exemple : En Asie, je connais la Thaïlande, la Birmanie, le Cambodge…
On peut également leur faire citer les pays où ils sont déjà allés.
• Faire travailler les élèves avec des prospectus de voyage.
• **Jeu de rôles :**
– Vous avez un budget-vacances de x francs. Quel voyage pouvez-vous envisager ? Où ? Combien de temps ? Pourquoi ce(s) pays ?
– *Le Tour du monde en 80 jours.* Reprendre l'itinéraire imaginé par Jules Verne dans son roman et faire citer tous les pays traversés par Philéas Fogg.
– Le tour du monde aujourd'hui. Vous avez gagné le grand prix Air France 2000, un voyage autour du monde. Avec un planisphère, tracez votre itinéraire et commentez-le.

A - MAINTENANT VOUS SAVEZ...

1 Utiliser le TU et le VOUS

Même pour les Français, savoir quand dire *tu* et quand dire *vous* n'est jamais simple.

On devra se contenter de généralités :

• **Les adultes** disent *vous* à toutes les personnes de plus de 14 ou 15 ans inconnues ou peu connues (relations avec les commerçants, les employés, etc.).

Ils réservent le *tu* aux enfants et aux personnes proches : la famille ou les amis intimes.

Il faut préciser que la tendance est, depuis une vingtaine d'années, à l'élargissement de ce *tu*. De plus en plus souvent, il apparaît par exemple entre collègues, surtout s'ils sont de la même génération.

• **Les jeunes** (enfants, adolescents et jeunes adultes) entre eux se tutoient systématiquement. Ils tutoient les adultes proches (famille, amis personnels des parents) et vouvoient tous les autres.

• On peut passer du *vous* au *tu* (*Est-ce que je peux vous tutoyer ?*) mais très rarement l'inverse.

Remarque. Actuellement, le fait de vouvoyer ses parents ou de se vouvoyer entre mari et femme a pratiquement disparu, quelle que soit la classe sociale.

Activité 1

L'image correspond au dialogue 2 (un enfant + un adulte à qui il dit *vous*).

Activité 2

Exemple : *Salut Christian. Tu viens avec nous au cinéma ?* ➡ *tu*

1 - Qu'est-ce que vous prenez, Christine ? Vous voulez un thé ou vous préférez un café ? ➡ ***vous***
2 - S'il vous plaît, monsieur, je voudrais aller à la gare de Lyon. ➡ ***vous***
3 - Bonjour. Tiens, tu ne vas pas à l'école aujourd'hui ? ➡ ***tu***

Suggestion d'activités complémentaires

• Proposez des images représentant un enfant en train de parler à différentes personnes : son père, son professeur d'anglais, son amie, la voisine. On indiquera sous l'image de chaque personnage son nom et sa « qualité » (*exemple :* Madame Vautrin, ma voisine).

Cochez les réponses correctes :

Je dis *tu*   à papa   à Madame Vautrin
          au professeur d'anglais   à Laura

• Avec des vignettes de bandes dessinées ou des extraits de romans-photos :
– faire repérer si les interlocuteurs se tutoient ou se vouvoient. Faire commenter ce choix ;
– effacer les dialogues, proposer trois dialogues possibles et faire retrouver celui qui semble le plus adéquat à la situation de communication (*À votre avis, quel est le dialogue correspondant à l'image ?*).

2 Reconnaître les verbes impersonnels

Deux points sont importants :
– le *il* est impersonnel. On fera observer la différence entre : *il aime Maria* (*il* = quelqu'un, un homme) et *il fait froid* (*il* impersonnel ne représente personne) ;
– le verbe est toujours à la troisième personne du singulier, même si le « sujet réel » est pluriel.
Par exemple : *Il y a vingt personnes dans la classe.*

3 Employer le ON dans ses différents sens

Activité 3

1 = *quelqu'un*
2 = *les gens*
3 = *nous*

Suggestion d'activité complémentaire

On, nous ou *les gens* ? Complétez. Attention à la terminaison du verbe.

1. En France, en général, ... travaille cinq jours par semaine. (*on*)
2. Le lundi, Maria, Pierre et moi, ... allons à la piscine. (*nous*)
3. En Argentine, ... aime le tango. (*on*)
4. Dans le métro, ... ne sont pas très souriants. (*les gens*)
5. Aux États-Unis, ... déménagent souvent. (*les gens*)
6. Si tu veux, vendredi soir,..... va danser ? (*on*)

B - COMMENT FAIRE ?

1 En classe : parler de son emploi du temps

Il s'agit dans cette partie du Bilan de savoir se repérer chronologiquement :
– d'abord, ... ensuite, ...
– commencer avec (ou par) ... ; finir ou terminer avec (ou par) ...
– le matin, ... l'après-midi, ... le soir, ...

Suggestion d'activités complémentaires

• Travailler à partir de l'emploi du temps réel des élèves.
– Samedi, qu'est-ce que vous faites ?
– Le dimanche matin, en général, qu'est-ce que vous faites ?
– Quand vous rentrez à la maison, le soir, qu'est-ce que vous faites ?

• Programme de la Fête de la musique du 21 juin (place de la Nation)
20 h : groupe reggae Ritchie Boys
21 h : Bernard Claim (rock)
22 h : Suzette Blanc (accordéon, musette)
23 h : grand bal public

2 Avec les Français : demander un rendez-vous

L'objectif est double :
– communiquer par téléphone (*Allô, C'est de la part de...*) ;
– prendre un rendez-vous (*Je voudrais un rendez-vous avec...*).

On peut proposer aussi :
– Je voudrais voir le docteur Vernant, s'il vous plaît.
– Est-ce que je peux avoir un rendez-vous avec le docteur Vernant, s'il vous plaît ?

Remarque. Les élèves s'étonnent souvent de la profusion des expressions de politesse (*s'il vous plaît, je vous en prie, excusez-moi, merci, pardon !* etc.). Ils y voient parfois un signe d'hypocrisie. Il semble important de souligner que cette politesse n'est pas seulement extérieure mais correspond à une civilité réelle. D'autre part, ces formes de politesse sont perçues par tous comme indispensables au bon fonctionnement des relations interpersonnelles.

LEÇON 17

Objectifs

- **Communication**
  – Proposer quelque chose à quelqu'un.
  – Exprimer son point de vue.
  – Accepter une proposition.
  – Demander l'heure, indiquer l'heure.

- **Grammaire**
  – Conjugaison : *vouloir*.
  – L'impératif : verbes en *-er* + *attendre*.
  – L'adjectif interrogatif *quel ?*

- **Vocabulaire**
  – *Avoir envie de, avoir peur de.*
  – *Le film, la séance, le film passe à…*
  – L'heure (officielle).

- **Prononciation**
  – L'intonation : proposer quelque chose.

SITUATION 1 (p. 84)

Objectifs

- Comprendre l'opinion des autres et exprimer la sienne : comprendre des appréciations et des jugements ou les exprimer.
- Repérer et retenir des mots ou expressions qui permettent de les exprimer : *avoir envie de, avoir l'air de, vouloir*.
- Comprendre les différentes intonations qui indiquent des propositions.

Comment procéder ?

- Situer les personnages : interroger sur le lieu.
- Écouter le dialogue et interroger sur la localisation dans le temps ; faire repérer le mot *soir*, expliquer *ce soir*. Puis expliquer *tu as l'air fatigué*, si nécessaire en s'aidant de l'**activité 2** (en bas de page) où cette expression est illustrée.
- Insister sur ce que souhaite Juliette et l'intonation de *On va au cinéma ?*
Clément ne répond pas *oui* ou *non* mais : *d'accord*. Faire remarquer que Juliette propose (elle n'interroge pas Clément).
- La suite du dialogue pose moins de difficultés d'interprétation ; expliquer le vocabulaire et souligner la valeur de *on = nous*.
- *Tout de suite* s'éclaire par le changement de lieu : la fin du dialogue se déroule dans le métro, et cela juste après les explications de Juliette.

Faire l'**activité 1** pour vérifier que le vocabulaire et l'essentiel du dialogue ont été bien compris.

ATIVITÉ 1 (p. 84)

1 - a. Juliette a l'air fatigué mais elle veut aller au cinéma.

b. Clément ne veut pas aller au cinéma parce qu'il est fatigué.

c. Clément a l'air fatigué mais il veut bien sortir.

2 - a. Clément veut aller au théâtre.
b. Il est d'accord avec Juliette.
c. Il veut bien aller au cinéma, mais pas tout de suite.

3 - a. Juliette n'aime pas les films d'amour.
b. Elle veut voir un film américain.
c. Elle ne sait pas quel film aller voir.

4 - a. Juliette et Clément vont aller au cinéma en métro.
b. Ils vont aller au cinéma à pied.
c. Ils prennent la voiture pour aller au cinéma.

Réponses attendues : 1-c ; 2-b ; 3-c ; 4-a

• Manières de dire (p. 84) •

Faire remarquer que le verbe *passer* peut avoir un sujet animé ou non animé.

Grammaire (p. 85)

1 • Conjugaison

a. Verbe *vouloir*

La conjugaison est donnée en entier, ce qui fait apparaître l'alternance de radical. Souligner la particularité de la 3ᵉ personne du pluriel : radical : ***veul-***.

b. L'impératif : verbes en *-er*

Comme nous le soulignons, la 2ᵉ personne du pluriel de l'impératif est déjà connue par les consignes. À bien mettre en valeur : c'est le seul cas où le verbe est conjugué, mais n'a pas de pronom sujet **exprimé**, et pour ce groupe, le seul cas où la 2ᵉ personne du singulier n'a pas de *-s* final.

Tu parles ; parle !

Ce mode sert à donner des ordres ou des conseils mais aussi à traduire d'autres sentiments : surprise, joie…

2 • L'adjectif interrogatif : *quel, quelle, quels, quelles* (+ nom) ?

Contrairement aux autres mots interrogatifs vus jusqu'à présent, *quel* fait partie d'un groupe et il s'accorde avec le nom qu'il accompagne, en genre (masculin ou féminin) et en nombre (singulier ou pluriel).
Faire remarquer qu'il se place toujours avant le nom qu'il accompagne, et que c'est le groupe nominal dont il fait partie (qui est la partie interrogative) qui peut se déplacer :

Quel film *tu aimes ?*   ***Quel film est-ce que*** *tu aimes ?*
Quel film *aimes-tu ?*   *Tu aimes* ***quel film*** *?*

ou encore :
Dans quelles salles *il passe ? –* ***Dans quelles salles*** *passe-t-il ? – Il passe* ***dans quelles salles*** *?*

ACTIVITÉ 3 (p. 85)

Les questions admettent des variantes, mais il faut qu'elles correspondent bien à la réponse. Par exemple, il faut un nom masculin à la 4ᵉ question pour pouvoir répondre *il*.

Questions à trouver	Réponses enregistrées
Ex. : Quelle saison préfères-tu (préférez-vous) ?	– J'adore le printemps.
1 - Quels livres aimes-tu (aimez-vous) ?	– J'aime les livres d'aventures.
2 - À quelle heure arrive Anna (Juliette, etc.) ?	– Elle arrive à 8 heures.
3 - Dans quel bâtiment se trouve l'accueil (le secrétariat, etc.) ?	– Il se trouve dans le bâtiment C.

3 • Rappel : *on = nous*

Il s'agit de rappeler une manière de parler extrêmement répandue et de faire assimiler le fait qu'un singulier est dans ce cas équivalent à un pluriel. L'exercice de l'**activité 4** permet en remplaçant une forme par l'autre de bien le mettre en évidence.

SITUATION 2 (p. 86)

Objectifs

Sensibiliser aux deux manières d'exprimer l'heure : heure « familière » et heure « officielle », l'une reposant sur deux cycles de 12 heures (du matin et du soir) et l'emploi des mots *demi(e)*, *quart* (*moins le quart, et quart*), l'autre sur un cycle de 24 heures, et un système additionnel de minutes : 15, 20, 30, 45, 55, etc., minutes!

Comment procéder ?

• Écouter les trois premières répliques, regarder l'image et poser une série de questions pour identifier les personnages (Comment s'appellent les deux garçons ? et les deux filles ?) ;
• Puis, pour comprendre la situation, rappeler le mot *rendez-vous*, vu à la leçon 9 et préciser :
– qui a rendez-vous avec Nadine et Laure ;
– l'heure du rendez-vous (À quelle heure… ?) ;
– le moment de la journée (le matin ou le soir ?) ;
– et la raison (Pourquoi ?).
• Situer le moment présent (quelle heure est-il ?) et expliquer l'expression *moins le quart* (un quart d'heure = 15 minutes ; 6 heures moins le quart = 5 heures 45 minutes), souligner l'emploi de *le*.
• Faire calculer le temps restant avant l'heure du rendez-vous : cela doit permettre de comprendre ***avoir peur d'***être en retard.

• Écouter alors la deuxième partie du dialogue : expliquer le mot *séance* et repérer la manière de présenter l'heure :
– À quelle séance vont-ils ?
– À quelle heure David donne-t-il rendez-vous à Jean ? (Il peut être utile de donner l'expression *donner rendez-vous*.)
• Comparer l'heure de la séance choisie et l'heure du rendez-vous : souligner et expliquer la différence dans les deux manières d'exprimer l'heure.

• Manières de dire (p. 86) •

Signaler simplement pour le moment les équivalences, des explications plus complètes seront faites à la leçon suivante.

Prononciation (p. 86)

ACTIVITÉ 5 (p. 86)

Il faut une écoute très attentive et répétée pour entendre les nuances de l'intonation. Ce sont ces nuances qui permettent de comprendre qu'il s'agit de propositions et non simplement d'affirmations ou de questions.

Grammaire (p. 86)

4 • Conjugaison : l'impératif d'*attendre*

Faire remarquer le -*s* qui réapparaît à la deuxième personne, sinon les terminaisons sont les mêmes que pour le premier groupe. Et seront toujours les mêmes pour tous les verbes.

ACTIVITÉ 6 (p. 87)

On peut relever ces consignes :
Écoutez. Répétez. Regardez. Répondez. Complétez.
Écrivez. Reliez. Faites... Cochez... Lisez. Comparez.
Cherchez... Trouvez... Remplacez...

Suggestion d'activités complémentaires

Demander à partir des impératifs relevés de retrouver les infinitifs de ces verbes.
On peut demander aussi de conjuguer certains d'entre eux à l'impératif, d'autres au présent de l'indicatif.

ACTIVITÉ 7 (p. 87)

Les reprises des dialogues, ainsi que les dessins d'horloges et l'opposition en deux colonnes, doivent permettre de différencier **les deux manières de dire l'heure en France.**
Insister sur ce qui a déjà été noté au cours de la Situation 2.

• **Heure familière**
– **Deux fois 12 heures dans une journée** : si on dit *à 8 heures*, hors contexte, il faut préciser *du matin* ou *du soir*. En général, la situation évite d'avoir à le préciser. Pour 12 heures, on emploie deux termes spécifiques : *midi*, pour le milieu de la journée, et *minuit* pour le soir.
– On emploie les mots *et demie* et *et quart* pour indiquer **plus 30** ou **plus 15 minutes.**
– On emploie *moins le quart* pour indiquer **moins quinze minutes.**
– Lorsqu'on dépasse une heure donnée, on lui ajoute les minutes, le quart ou la demie, jusqu'à la demie de l'heure suivante ; à partir de la demie, au contraire, on enlève les minutes ou le quart de l'heure suivante.
Exemples :
4 h 05 = quatre heures cinq / 4 h 15 = quatre heures et quart / 4 h 25 = quatre heures vingt-cinq / 4 h 30 = quatre heures et demie.
mais :
4 h 35 = cinq heures moins vingt-cinq / 4 h 45 = cinq heures moins le quart / 4 h 50 = cinq heures moins dix.

• **Heure officielle**
– Une journée = 24 heures.
– On compte les minutes à partir de l'heure passée, de 0 à 60 :
Exemples :
11 h 45 = onze heures quarante-cinq / 18 h 20 = dix-huit heures vingt, etc. La nuit après 24 h (vingt-quatre heures), on dit : 00 h 10 = zéro heure dix, etc.

Comment procéder ?

• Faire remarquer qu'il existe deux systèmes. Regarder les heures qui sont indiquées sur les horloges des deux colonnes et faire écouter la manière de les dire. Exemples :

huit heures et demie : 8 heures 30
midi et demie : 12 heures 30
six heures moins le quart : 17 heures 45
huit heures et quart : 20 heures 15
sept heures et demie : 19 heures 30

• En déduire, pas à pas, les règles.

ACTIVITÉ 8 (p. 87)

À partir des activités et horaires annoncés sur l'affiche, faire faire deux ou trois types d'activités différentes :

1. Une discussion entre amis : employer le tutoiement ou le vouvoiement et discuter des horaires en termes « familiers » (se donner rendez-vous, aller voir tel spectacle, etc.).

2. Une discussion entre parents et enfants (tutoiement obligatoire) en soulevant le problème de certaines heures : *c'est trop tard*, etc.

3. L'achat des billets : indiquer les horaires du spectacle choisi, l'heure du commencement (donner ce mot, si nécessaire), l'heure de la fin, etc., en heures « officielles » et aussi donner les prix. (À jouer à deux : le / la client(e) et le / la vendeur(se).)

LEÇON 18

Objectifs

• **Communication**
– Proposer quelque chose à quelqu'un (2).
– Refuser, se justifier et s'excuser.
– Suggérer quelque chose.

• **Grammaire**
– Le verbe *pouvoir*.
– Les adjectifs possessifs.

• **Vocabulaire**
– L'expression du regret : *c'est dommage,*

je suis désolé, excuse-moi, être fâché.
– Les membres de la famille : *frère, sœur.*
– Les parties du visage : *les yeux, les cheveux, la bouche, les dents.*

• **Prononciation**
– Le son / ø / seul, l'opposition / ø / et / e /, l'opposition / ø / et / œ /.

SITUATION 1 (p. 88)

Objectifs
• Proposer quelque chose, refuser une proposition, exprimer ses regrets.
• Introduire les adjectifs possessifs.

L'image montre un jeune homme à la portière de sa voiture, deux billets d'Opéra à la main, et une jeune fille qui a l'air confus. On peut les présenter rapidement avant de passer la bande : c'est Marco et c'est Sophie ; ils sont étudiants ; ils sont très amis.

Comment procéder ?
On fera écouter le dialogue en trois parties :
1. du début jusqu'à *je dîne chez ma sœur*. On fera paraphraser :
– Qu'est-ce qu'il propose ? Qu'est-ce qu'il a dans la main ? Pourquoi il est très content ?
On pourra préciser que les places d'Opéra sont difficiles à obtenir (il faut réserver longtemps à l'avance) et très chères.
– Qu'est-ce qu'elle répond ? Elle dit oui ? Elle est d'accord ? Elle veut aller à l'Opéra ?
On pourra introduire *accepter quelque chose / refuser quelque chose.*
– Pourquoi Sophie dit non ? Pourquoi elle ne peut pas ?
Faire réécouter la phrase : *Je dîne chez ma sœur.*

2. de *Oh non !* jusqu'à *Mes parents et mon frère viennent aussi*
Reprises :
– Elle ne peut pas dire non à sa sœur. Pourquoi ?
– C'est l'anniversaire de qui ?
– Qui va à l'anniversaire (à cet anniversaire) ?
➡ Sophie – les parents de Sophie (= **ses** parents) ; le frère de Sophie (= **son** frère)
On peut maintenant reprendre : *Voilà la famille de Sophie : sa sœur, son frère et ses parents.*

3. de *C'est vraiment dommage* jusqu'à la fin
– Marco n'est pas content. Qu'est-ce qu'il dit ? *C'est dommage, c'est vraiment dommage.*
– Il peut changer ses places ?
– Qu'est-ce qu'elle propose ?

Prononciation (p. 88)

ACTIVITÉ 2 (p. 89)

Objectif

Faire pratiquer le son / ø /.

Comment procéder ?

• Faire remarquer que pour le son / ø /, la bouche est presque fermée et les lèvres très arrondies. La position de la bouche est presque la même que pour le son / y / mais ici, la bouche est plus en avant, ainsi que la langue.

Pour le son / e /, la bouche est presque fermée et les lèvres très tirées.

• Proposer quelques mouvements rapides / e / – / ø / – / e / – / ø / – / e / – / ø /...

Puis : *monsieur / messieurs* (/ møsiø / – / mesiø /).

Enfin : *J'ai deux amis / J'ai des amis* (/ døzami / – / dezami /).

• Proposer ensuite l'exercice de discrimination. Corrigez-le immédiatement après en insistant à nouveau sur la différence de la position des lèvres.

Réponses : 1-b ; 2-b ; 3-a ; 4-b.

Grammaire (p. 89)

1 • Conjugaison : le verbe *pouvoir*

Les élèves ont déjà vu le verbe *vouloir* auquel on fera référence.

Comment procéder ?

On peut travailler en même temps la conjugaison de ce verbe et sa construction avec un infinitif.

Exemples :

– *Tu peux venir à l'Opéra, Sophie ?*

– *Non, je ne peux pas venir, je dîne chez ma sœur.*

– *Elle peut sortir avec Marco ?*

– *Non, elle ne peut pas sortir avec lui, elle dîne chez sa sœur.*

Suggestion d'activités complémentaires (semi-libre)

Faire travailler les élèves à partir d'images :

– photo de quelqu'un avec une jambe dans le plâtre : *C'est dommage, elle ne peut pas...*

– photo d'un spectateur au cinéma gêné par la personne qui est devant lui : *il ne peut pas...*

– photo de quelqu'un perdu dans un labyrinthe : *il ne peut pas...*

– photo d'un enfant trop petit pour attraper un pot de confiture : *il ne peut pas...*

2 • Les adjectifs possessifs

C'est le point grammatical le plus important de la leçon. On ne verra dans cette leçon que les adjectifs possessifs **mon, ton, son ; ma, ta, sa ; mes, tes, ses**.

Comment procéder ?

Il faut faire comprendre aux élèves que :

a. JE ➠ mon, ma, mes   TU ➠ ton, ta tes   IL / ELLE ➠ son, sa, ses

b. MON + nom masculin (**mon** *frère*)

MA + nom féminin (**ma** *sœur*)

MES + nom masculin pluriel ou féminin pluriel (**mes** *frères et* **mes** *sœurs*)

c. Cas particuliers

MON + nom féminin commençant par une voyelle (*une école* ➡ **mon** *école*)

ACTIVITÉ 3 (p. 89)

1 - ma fille   *2 - mes cousines*   *3 - mon frère*   *4 - mon livre.*

Suggestion d'activités complémentaires
• Demandez aux élèves de poser des questions sur les photos de famille de leur voisin.

• Demander aux élèves de dire ce qu'il y a dans leur sac : *il y a mon stylo, mes cigarettes, mon portefeuille, mes clés...* (*cf.* leçon 5).

SITUATION 2 (p. 90)

Objectif
Comment proposer quelque chose et comment accepter une proposition.

Comment procéder ?
• On fera remarquer qu'il s'agit du même garçon que dans le dialogue précédent. C'est donc la suite : Marco propose à sa sœur Claire de venir avec lui à l'Opéra. On fera écouter le dialogue en entier. On insistera sur :

– **Salut !** On précisera que cette forme de salutation (qui peut signifier *bonjour* ou *au revoir*) est réservée aux frères et sœurs ou aux amis très proches et s'emploie surtout chez les jeunes.

Par exemple, c'est le plus souvent ainsi que l'on se salue au lycée ou à l'université.

– **Etre libre**. On pourra montrer un agenda : *Lundi, je ne suis pas libre, j'ai un rendez-vous. Et vous, lundi, vous êtes libre ? Regardez sur votre agenda.*

On pourra introduire : *je suis occupé(e).*

– La différence entre *elle ne **veut** pas venir* et *elle ne **peut** pas venir.*

Proposer deux petits dialogues :

– *Sophie, tu viens à l'Opéra avec moi ?*

– *Oh non, je ne veux pas, je déteste l'Opéra.*

– *Sophie, tu viens avec moi ce soir à l'Opéra ?*

– *Oh, je suis désolée, j'adore l'Opéra mais ce soir, je ne peux pas. Je ne suis pas libre.*

– **Vous êtes fâchés ?** Insister sur l'accentuation du verbe **vouloir** dans les deux phrases précédentes.

Si Sophie ne **veut** pas venir (refuse de venir), c'est peut-être parce qu'elle est fâchée avec Marco.

– **À ce soir !** On pourra rappeler *À bientôt !*

ACTIVITÉ 4 (p. 90)

1 - Faux   *2 - Vrai*   *3 - Vrai*

PRONONCIATION (p. 90)

ACTIVITÉ 5 (p. 90)

Objectif
Entraîner les élèves à distinguer le son / œ / et le son / ø /.

Comment procéder ?
• Après avoir rappelé la position de la bouche avec le son / ø /, on fera observer la différence lorsque l'on prononce le / œ / : la bouche est ouverte et les lèvres avancent moins.
• Comme précédemment, faire pratiquer : / ø / – / œ / – / ø / – / œ / – /ø / – / œ /…
• Ensuite faire répéter : *une heure, deux heures, trois heures.*
• Puis faire répéter les deux phrases d'exemple : *Il est deux heures (/døzœr/) – Sa sœur est chanteuse (/sasœreʃãtøz/).*

ATIVITÉ 6 (p. 91)

Objectif
Comme dans l'activité 2 de la page 89, il s'agit d'un exercice de discrimination.

Comment procéder ?
Faire répéter aux élèves ces quatre phrases :
– C'est ma plus jeune sœur.   – Elle vient dans un quart d'heure.
– Elle a les yeux bleus.   – Elle est professeur.
en insistant à nouveau sur l'articulation.

Puis faire faire l'exercice. Exemple :
C'est ma plus jeune sœur = / œ /
1 - Elle vient dans un quart d'heure = / œ /
2 - Elle a les yeux bleus = / ø /
3 - Elle est professeur = / œ /

Suggestion d'activités complémentaires
Articuler silencieusement l'une de ces quatre phrases (en exagérant au besoin les mimiques labiales). Faire deviner de laquelle il s'agit. On peut proposer le même exercice avec d'autres phrases brèves comportant le son / ø / ou le son / œ / .

ACTIVITÉ 7 (p. 91)

Objectif
Retrouver l'ordre d'une phrase.

Comment procéder ?
• On fera travailler, dans cet exercice, la structure : Sujet + verbe + infinitif + complément(s).
Exemple : *Je vais inviter Claire à l'Opéra.*

Avant que les élèves ne commencent l'exercice, on leur proposera deux ou trois exemples de cette structure :
Sophie veut aller chez sa sœur.
Il va appeler sa sœur Claire au téléphone.
Je ne peux pas venir chez toi.

• On n'insistera pas pour l'instant sur le « futur proche », qui sera vu ultérieurement.

1 - Il ne veut pas inviter Patricia à l'Opéra.
2 - Marco ne peut pas changer ses places.
3 - Sophie ne peut pas venir à l'Opéra.

ACTIVITÉ 8 (p. 91)

Objectif

Entraîner les élèves à un travail plus autonome.
Cet exercice est l'occasion pour les élèves de sortir un peu du cadre strict de la méthode. À eux de chercher dans leur dictionnaire des éléments de comparaison.

Suggestion d'activités complémentaires

• Décrivez sur le même modèle l'homme idéal ou la femme idéale (par exemple : *Il / Elle a les yeux noirs comme…, les cheveux blonds comme…*).
• Proposer une description-devinette :
Elle a les yeux très bleus, les cheveux très noirs, la peau très blanche, son prénom est Isabelle et elle est actrice. Qui est-ce ?
• Un élève décrit une personne, un autre doit la dessiner au tableau avec des craies de couleur.

ACTIVITÉ 9 (p. 91)

Objectifs

Reprise des adjectifs possessifs ; parler de soi et de sa famille.

Comment procéder ?

• On peut varier l'exercice avec d'autres photos ou d'autres images, par exemple empruntées à des bandes dessinées ou à des dessins animés bien connus des élèves (comme la famille Simpson ou la famille Adams).
C'est le père qui présente sa famille : *Voici ma femme…*, etc.
• Inciter les élèves à produire le maximum d'énoncés sur chacun des membres de leur famille (si besoin, en les relançant par des questions).

LEÇON 19

Objectifs

• **Communication**
– Proposer quelque chose à quelqu'un (3).
– Accepter ou refuser une invitation.
– Discuter et se mettre d'accord sur un projet.

• **Grammaire**
– Conjugaison : *connaître* et *savoir*.
– Les adjectifs possessifs pluriel.
– *Chez* + nom.

• **Vocabulaire**
– Les loisirs.

• **Prononciation**
– Liaisons diverses.

SITUATION 1 (p. 92)

Objectifs
• Accepter une invitation et se mettre d'accord sur le lieu, l'heure, etc.
• Utiliser les adjectifs possessifs des 1re, 2e et 3e personnes du pluriel.
• *Chez* + pronom tonique.

Comment procéder ?
• Faire écouter les trois premières répliques et rappeler la situation vue en leçon 18 : reprise des mêmes expressions, des mêmes questions, etc.
• Établir la relation entre *nous = ma sœur et moi* et **notre** réussite.
• Demander : *Nina accepte ?* et écouter les répliques suivantes jusqu'à : *Chez moi, ce n'est pas très grand !*, puis poser des questions sur le lieu et les raisons du choix :
– Où se passe cette fête?
– Pourquoi ?
– C'est bien, chez les parents de Mireille ?
Ces questions doivent permettre de comprendre que le pronom tonique *eux* et les adjectifs *leur(s)* correspondent à *ils*.
• Enfin, dernière question abordée : l'heure et la notion d'obligation.

On peut noter au passage que dans ce genre d'invitation, les gens ne sont pas tenus d'arriver à l'heure exacte, que souvent la plupart des invités arrivent plutôt « en retard », et qu'il est aussi impoli d'arriver trop tôt que trop tard. À Paris en particulier, les gens ont tendance à arriver assez tard. D'ailleurs, l'heure donnée ici est approximative : **vers huit heures et demie**.

Les questions enregistrées, dans l'**activité 1**, permettent de refaire le point, une fois tout le dialogue écouté et expliqué.

ACTIVITÉ 1 (p. 92)

1 - Est-ce que Nina peut aller chez Mireille samedi soir ?   – *Oui, avec Lionel.*
2 - La fête se passe où?   – *Chez Mireille.*
3 - Il faut être chez Mireille à quelle heure ?   – *Vers 20 h 30.*

• Vocabulaire (p. 92) •

Signaler que *les parents* ici désigne le père + la mère et que c'est, dans ce cas, un nom toujours au masculin pluriel.

• Manières de dire (p. 92) •

• Donner d'autres exemples utilisant le verbe *se passer*, à partir de leçons déjà vues.
Exemple, leçon 12 : *Le stage de commerce international **se passe** dans la salle B820 (à partir de 9 h 30).*
• On peut signaler la différence entre *se trouver* (= un lieu) et *se passer* qui indique une notion de temps.
• *C'est grand chez eux* : noter le pronom tonique *eux* correspondant à *ils* (singulier : *il* ➡ lui).

Prononciation (p. 93)

ACTIVITÉ 2

Objectifs

Prendre conscience des liaisons habituelles de la langue : tous les mots commençant par une voyelle n'imposent pas obligatoirement une liaison.

Comment procéder ?

• Première étape : faire repérer les liaisons et les faire noter sur le livre par une « arche » entre les mots liés.
• Deuxième étape : les faire répéter, en montrant que certains mots ne font pas la liaison.

Grammaire (p. 93)

1 • Conjugaison

a. Impératif de *venir*

Nous donnerons au fur et à mesure les impératifs des verbes les plus usuels. Faire remarquer que la deuxième personne a un -s final.

b. Verbe impersonnel : *falloir* ➡ *il faut* + infinitif

• La notion de verbe avec un sujet impersonnel a déjà été vue à la leçon 15, le rappeler.
• *Falloir* a la particularité de n'exister qu'à l'infinitif et à la 3e personne du singulier (sujet : *il* impersonnel).

2 • Les adjectifs possessifs pluriel

On peut faire remarquer que les trois personnes du pluriel n'ont qu'une variation singulier-pluriel. Il faut donc l'adjectif correspondant à la personne qui est le possesseur : nous, vous ou ils / elles, et l'accorder en nombre avec le nom qu'il accompagne.

3 • *Chez + moi, toi, lui, elle, nous, vous, eux, elles*

• En étudiant cette structure, rappeler :
– à quels pronoms sujets correspondent ces pronoms toniques ;
– que ces pronoms sont aussi ceux qui servent de reprise dans les réponses, ou ceux qu'on trouve avec *c'est...*

• **Exercice possible :** proposer de chercher ces pronoms dans les divers dialogues déjà étudiés.

• Signaler enfin que ce sont ces pronoms toniques qui suivent toujours une préposition : *avec, pour,* etc.

Nous ferons employer cette structure dans une activité globale, qui reprendra à la fin de la leçon les principaux points étudiés.

SITUATION 2 (p. 94)

Objectifs

• Savoir faire des propositions en employant le conditionnel de *pouvoir* ou l'impératif.

• Savoir refuser en proposant autre chose (utiliser : *plutôt*) ou en donnant les raisons du refus.

Comment procéder ?

• Faire écouter la première partie du dialogue (jusqu'à : *une bonne idée*) et poser des questions pour faire bien comprendre la situation :

– Qui parle ?

– De quoi ?

– Que propose Luc ?

– Est-ce que Akiko est d'accord ?

– Que propose Akiko ? Il sera utile d'introduire le verbe *proposer* (quelque chose).

– Comment le fait-elle ?

• Faire écouter la partie suivante du dialogue et déterminer :

– les propositions de Françoise (elle est d'accord avec Akiko ?) et de Luc (il est d'accord ? pourquoi ? que propose t-il ?) ;

– les lieux proposés (regarder la carte de Paris) ;

– comment répond Akiko. Elle est d'accord ?

– où ils vont aller demain.

• En dernier lieu, récapituler les différentes façons de dire qu'on accepte, et celles qui indiquent un refus.

ACTIVITÉ 3 (p. 94)

Il s'agit surtout de vérifier la compréhension de certains points essentiels.

1 - Luc veut aller au cinéma.	*non*
2 - Akiko aime bien la piscine.	*oui*
3 - Françoise déteste les parcs.	*non*
4 - Akiko n'est pas d'accord : elle ne veut pas aller à Vincennes.	*non*

Grammaire (p. 95)

4 • Conjugaison

a. Verbes *connaître* et *savoir*

Ces deux verbes sont très employés et apparaissent tous les deux dans le dialogue. Ils sont difficiles à étudier, non à cause de leur forme, mais plutôt à cause de leur sens et de leurs emplois. Il faudra essayer de les intégrer petit à petit.

Donner quelques exemples :
> – *Vous connaissez Paris ? Rome ? Tokyo ?*

mais > – *Vous savez lire ? Vous savez faire la cuisine ?*

b. Impératif du verbe *aller*

La deuxième personne du singulier n'a « normalement » pas de *-s* comme tous les verbes en *-er*, même si ce verbe est irrégulier. Ne pas préciser pour l'instant que parfois ce *-s* réapparaît (*cf. Vas-y !*). Ce verbe et son « complémentaire » *venir* posent parfois des problèmes d'emploi, mais pour le moment, ils apparaissent dans des contextes où il n'y a pas d'ambiguïté.

5 • Proposer quelque chose

– Verbe ***pouvoir*** (+ infinitif) à la forme conditionnelle : ***on pourrait, nous** pourrions*.
– Impératif à la 1ʳᵉ personne du pluriel (souvent : ***allons*** + infinitif).

Ne pas insister sur la notion de mode pour le moment. Ces formes sont données comme des outils qui servent à exprimer une nuance : proposer. La personne qui parle donne des idées, mais c'est aux autres d'accepter ou refuser, ce qui explique la nécessité de réponses indiquant l'approbation ou le désaccord.

ACTIVITÉ 4 (p. 95)

On travaille sur les formes sans intégrer l'ensemble dans une situation réelle (ou proche de la réalité).
1 - On pourrait aller faire les courses !
2 - Allons manger au restaurant.
3 - On pourrait aller au cinéma.
4 - Allons passer l'après-midi dans un parc.
5 - On pourrait regarder la télé.

ACTIVITÉ 5 (p. 95)

Les trois dessins servent de point de départ ; les élèves travaillent par groupes de 3 (ou 4, si on veut) et essaient de discuter, de proposer, de refuser, d'ajouter des éléments.
Ils doivent employer le plus de vocabulaire possible et aussi la plupart des tournures étudiées dans cette leçon. Mais ils peuvent aussi en profiter pour élargir leurs connaissances, par exemple en ce qui concerne les menus ou les lieux.

Suggestion d'activité complémentaire

Faire faire un projet de sortie d'une journée pour réemployer les heures, en se servant de cartes (plan d'une ville ou d'un quartier, carte d'une région). Présenter toujours ces projets comme des suggestions : employer les formes verbales étudiées ici et non le futur proche.

LEÇON 20

Objectifs

- **Communication**
  - Faire des projets de voyages.
  - Établir un itinéraire.
  - Discuter, demander un délai de réflexion.

- **Grammaire**
  - *Quand* + inversion du sujet.
  - L'expression de la quantité : *beaucoup de, peu de.*
  - Le futur proche (2).

- **Vocabulaire**
  - Les vacances : *des touristes, une agence de voyages, une brochure, un circuit, une croisière, un billet.*
  - Les saisons : *le printemps.*

- **Prononciation**
  - Le son / ã /.

SITUATION 1 (p. 96)

Objectifs

Introduire le futur proche (faire des projets) ; exprimer la quantité ; revoir le système interrogatif.

Comment procéder ?

• Avant de faire entendre le dialogue, exploiter l'image. Les élèves disposent désormais de suffisamment de mots pour avancer des hypothèses sur l'image.

Il y a une famille : le père, la mère et les deux enfants. Ils sont dans une agence de voyages (les élèves ne connaissent pas ce terme mais proposeront peut-être *office de tourisme, agence de tourisme*). Ils regardent les affiches de Grèce ➡ Ils veulent aller en Grèce.

• Faire écouter le dialogue en deux parties :

1. du début jusqu'à *peu de touristes*
– Ils veulent aller en Grèce, ils veulent partir en mai.
Deux possibilités : *Ils veulent aller en Grèce en mai* ou *Ils veulent aller en mai en Grèce.*
– *La Grèce, c'est beau, au printemps.* / *La Grèce, c'est beau, en mai.*
Attention à la préposition :
C'est beau en janvier, en mars, en octobre, en décembre... (toujours *en*)
La Grèce, c'est beau, au printemps mais en été, en automne (ou à l'automne), en hiver.
– *La Grèce, c'est beau au printemps. Pourquoi ? Il y a beaucoup de soleil et peu de touristes.*
   Et l'hiver ? Il n'y a pas beaucoup de soleil. / Il y a peu de soleil.
   Et l'été ? Il y a beaucoup de soleil et beaucoup de touristes.
ou   *L'été, il fait très chaud et il y a beaucoup de touristes.*

Pour le moment, on n'insistera pas sur la distinction comptable (***des touristes***) / non comptable (***du soleil***). Cela sera étudié ultérieurement avec les articles partitifs.

2. de *Qu'est-ce que vous avez, en mai ?* jusqu'à la fin
– C'est avec un geste que l'on expliquera le sens de *circuit* (on peut préciser : lundi = Athènes, mardi = Delphes, etc.). On traduira, si nécessaire, le mot *croisière* (on peut également l'illustrer à l'aide d'une publicité).

La dame, qu'est-ce qu'elle préfère ? Et les enfants ?

– Une croisière en Grèce, c'est cher ?

En été, c'est cher mais au printemps, ce n'est pas cher, c'est bon marché.

On peut donner, avec un catalogue (une brochure), des exemples de prix. Par exemple :

Croisière de huit jours dans les îles grecques : mai/juin : 5 500 francs – juillet/août : 7 400 francs.

– Ils achètent les billets ? Non. Ils prennent une brochure. Ils veulent réfléchir.

– Ils vont revenir ? Quand ?

On peut introduire *bientôt* (*cf.* leçon 16 : *À bientôt !*).

Ils vont revenir bientôt (demain ou après-demain).

Aujourd'hui, c'est mercredi. **Demain,** *c'est jeudi ;* **après-demain,** *c'est vendredi.*

Prononciation (p. 97)

ACTIVITÉ 1 (p. 97)

Objectif

Révision du son / ã /.

La nasale / ã / présente certaines difficultés : la bouche est ouverte et les lèvres arrondies comme pour le son / a /. **Mais la langue est en arrière**. L'air passe par la bouche et par le nez.

Comment procéder ?

• On fera pratiquer / a / – / ã / par exemple avec : *maman – la chambre – une grande place…*

• Les phrases sont à répéter par couples : – *Vous voulez partir quand ?*
     – *En mai, au printemps.*

Grammaire (p. 97)

Objectif

Le point essentiel de cette leçon concerne le futur proche, qui ne présente pas de difficulté particulière.

Comment procéder ?

On reprendra **aujourd'hui, demain, après-demain.**

– Aujourd'hui, vous travaillez. Vous êtes au cours de français. *Et* **demain,** *vous allez travailler ? Vous allez dormir ? Vous allez voir un film ? Et* **après-demain,** *qu'est-ce que vous allez faire ?*

ACTIVITÉ 2 (p. 97)

Samedi, Hassan va aller au théâtre (il va voir une pièce de Molière). Après, il va dîner chez Elsa. Le soir, ils iront danser à la discothèque.
Dimanche, il va aller à la piscine. Le soir, il va dîner chez Nadia.

Samedi, Jane va partir de Paris à 7 h 06. Elle va arriver à Marseille à 11 h 35.
Elle va dîner chez Sophie.
Dimanche, elle va faire une promenade en bateau. Elle va partir de Marseille à 18 h et elle va arriver à Paris à 22 h 50.

Suggestion d'activités complémentaires

• Avec un prospectus de voyage (un circuit), faire commenter les différentes étapes du voyage.

Le premier jour, ils vont visiter le musée d'Athènes. Le deuxième jour, ils vont prendre le bus pour Delphes. Le troisième jour, ils vont se reposer...

• Avec une double page d'agenda, faire commenter l'emploi du temps de M. Tabuki, en voyage d'affaires à Paris. Par exemple : *Lundi, il va rencontrer son client...*

• Avec une série d'images, faire commenter : C'est Sonia. Qu'est-ce qu'elle va faire, ce soir ?
Par exemple : *Elle va prendre une douche, elle va faire la cuisine, elle va dîner tranquillement, elle va lire un peu...*

SITUATION 2 (p. 98)

Objectif

Compréhension orale.
Cette Situation 2 se présente sous une forme différente des précédentes. Il s'agit de quatre mini-dialogues sans lien les uns avec les autres.
Les élèves doivent choisir la phrase correspondant à ce qu'ils ont entendu.

Dialogue 1– Bonjour, Maria. Où habitez-vous ? En France ?
– Non, je suis en vacances en France mais j'habite au Portugal.

Dialogue 2– Vous allez partir pendant les vacances de printemps, madame ?
– Oui, je vais au Pérou deux semaines. Et vous ?
– Moi, je vais partir en octobre en Colombie.

Dialogue 3 – Vous connaissez Rome, Etsuko ? C'est beau. J'aime beaucoup l'Italie.
– Oui, moi aussi, mais cette année, je vais aller en Grèce.
– Ah bon ! Quand ?
– En septembre ou en octobre.

Dialogue 4 – Vous êtes allemand, Franz ?
– Non, je parle allemand mais je suis autrichien. Vous connaissez l'Autriche ?
– Oui, très bien. C'est joli, l'Autriche.

Comment procéder ?

Faire écouter deux fois ces quatre dialogues.

Dialogue 1 = *réponse 3* ; Dialogue 2 = *réponse 3* ;
Dialogue 3 = *réponse 1* ; Dialogue 4 = *réponse 2*.

Prononciation / écriture (p. 98)

Objectif

Comment écrire le son / ã /.
Le son / ã /, difficile à prononcer pour la plupart des élèves, présente également des difficultés lorsqu'il s'agit de l'écrire.
Les règles qui sont données dans cette leçon sont simplifiées (par exemple, on ne donnera pas, bien sûr, le *faon* / fã / ou la ville de *Laon* / lã /).

Comment procéder ?

• On insistera sur la présence d'un **m** devant **b** ou **p** : *le cha**m**pagne, la ca**m**pagne, la cha**m**bre / septe**m**bre, la te**m**pérature...*

• En ce qui concerne le son / ã / en fin de mot, rappeler la distinction masculin/féminin : *grand/grande – allemand/allemande – amusant/amusante – intelligent/intelligente.*

Suggestion d'activité complémentaire

Complétez avec : **en, em, an, am.**

Exemple : *Nous partons **en** mai, **pend**ant les vacances, avec les **enf**ants.*

1 - Il est ... glais et il appr ... d le fr ... çais ... Fr ... ce.

2 - Il adore le ch ... pagne mais elle, elle préfère un bon vin rouge.

3 - Il va à la c ... pagne ... sept ... bre. Moi, je préfère la c ... pagne au print ... ps.

1 - anglais – apprend – français – en – France
2 - champagne
3 - campagne – en – septembre – campagne – printemps

ACTIVITÉ 5 (p. 99)

Objectif

La révision de tout ce qui a été vu jusqu'ici en ce qui concerne l'interrogation :
Les trois formes de l'interrogation :
a) Vous connaissez Rome ?
Est-ce que vous connaissez Rome ?
Connaissez-vous Rome ?

b) Vous partez quand ?
Quand est-ce que vous partez ?
Quand partez-vous ?

c) Vous partez où ?
Où est-ce que vous partez ?
Où partez-vous ?

Comment procéder ?

Faire faire cet exercice par paires. Reprendre ensuite au tableau l'ensemble des questions proposées.
1 - Quand voulez-vous partir ? (Vous voulez partir quand ?)
2 - Où allez-vous en vacances ? (Où est-ce que vous allez ?)
3 - C'est cher, ce voyage ? (Ce voyage est très cher ?)
4 - Vous aimez l'Italie ? (Vous aimez les États-Unis ?)
5 - Il fait froid en Italie en septembre ? (À Dijon, il fait froid en septembre, non ?)

ACTIVITÉ 6 (p. 99)

Objectif

Favoriser une expression orale plus spontanée.

Comment procéder ?

Cette activité est assez difficile car elle demande la part des élèves :
– une capacité à prendre connaissance d'un document authentique ;

– de l'initiative : ils doivent, pour pouvoir répondre aux questions du client, trouver des idées dans la publicité de l'agence de voyages mais peuvent aussi proposer des réponses de leur cru.

Par exemple, à la question 3 (Qu'est-ce qu'il y a comme monuments historiques ?), ils peuvent (avec l'aide de leur dictionnaire) proposer : *des statues, des temples, des sculptures…*

Malgré sa difficulté, ce travail est important car il permet aux élèves de s'approprier un savoir-faire (lire un document authentique pour donner des informations) tout en travaillant en prise avec leur imaginaire (le voyage « rêvé »).

On peut présenter un prospectus plus détaillé, où figurent les visites proposées.

BILAN et STRATÉGIES

A - MAINTENANT VOUS SAVEZ...

1 Conjuguer au présent

Les verbes du premier groupe (infinitif en *-er*), ceux du deuxième groupe (type *finir*), *avoir* et *être* et d'autres verbes : il s'agit ici d'une récapitulation pour permettre de refaire le point sur la conjugaison du **présent** et insister sur les points essentiels de toute conjugaison :
– présence d'un sujet aux six personnes (très souvent un pronom personnel) ;
– variation de la terminaison à chaque personne, avec quelques constantes (mais pas systématiques !) qu'on peut souligner :
2e personne du singulier :   *-s*
1re personne du pluriel :   *-ons*
2e personne du pluriel :   *-ez*
3e personne du pluriel :   *-nt*
– variation du radical suivant le groupe du verbe.

2 Conjuguer à l'impératif les verbes en *-er* et *attendre, venir* et *aller*

Souligner l'originalité de ce mode : pas de sujet exprimé, 3 personnes seulement.

3 Exprimer le futur : *aller* + infinitif

C'est une première approche de la variation de temps. Avant d'aborder la conjugaison du passé composé dans l'unité suivante, les étudiants doivent comprendre que **l'expression du temps change la forme du verbe** (ce n'est pas le cas dans toutes les langues).

4 Exprimer la possession avec les adjectifs possessifs

L'utilisation des adjectifs possessifs présente certaines difficultés, du fait qu'ils varient à la fois avec la personne verbale (qui indique qui est le possesseur) et qu'ils s'accordent avec l'élément possédé. Mais de plus, il faut sensibiliser les élèves :
– à la place de cet adjectif : **il précède toujours le nom avec lequel il s'accorde** :
J'ai un fils ➡ c'est **mon** *fils* ; *elle a un frère* ➡ *c'est* **son** *frère*
– au fait qu'il **remplace l'article ou l'adjectif démonstratif**. C'est, comme eux, **un déterminant**

qui fait partie du groupe nominal et exclut tout autre déterminant.

Activité 1

Cette activité permet de revoir la conjugaison et l'emploi des possessifs.

a) Le matin, il/elle fait sa gymnastique, il/elle prend son petit déjeuner puis il/elle sort.
Souvent il/elle voit ses voisins. Leur amie Anna arrive et ils/elles vont au travail ensemble.

b) Le matin, nous faisons notre gymnastique, nous prenons notre petit déjeuner puis nous sortons. Souvent nous voyons nos voisins. Notre amie Anna arrive et nous allons au travail ensemble.

c) Le matin, ils/elles font leur gymnastique, ils/elles prennent leur petit déjeuner puis ils/elles sortent. Souvent ils/elles voient leurs voisins. Leur amie Anna arrive et ils/elles vont au travail ensemble.

5 Comprendre et dire l'heure

Revoir très précisément la leçon 17 qui fait le point sur cette question.
À travers l'activité 2, qui est une **activité d'écoute,** faire retrouver la manière de dire l'heure « officielle ».
Dans un premier temps, faire repérer quelle est la manière dont l'heure est présentée et dans quel contexte (la radio par exemple puis dans une gare).
Ensuite, faire compléter le texte : les élèves doivent indiquer précisément l'heure qu'ils ont entendue.
Enfin, faire présenter ces renseignements à un(e) ami(e) en heure « familière », cela constituant une activité orale.

Activité 2

Enregistrement :
1. Il est 7 h 30, voici les informations. La météo à 7 h 45 ; notre invité à 8 h.
2. Arrivée du train à 18 h 15, départ 25 minutes après, à 18 h 40. Arrêt à Orléans à 19 h 55 et départ à 19 h 59.

B - Comment faire ?

1 **En classe : comment travailler à deux ?**
Il s'agit de montrer aux élèves qu'ils peuvent communiquer *en français* entre eux autrement que dans des situations fictives (comme des jeux de rôles par exemple). Ils peuvent le faire pour travailler.
Toutes les expressions ici utilisées ont été vues dans les leçons et ne constituent qu'un réemploi.

2 **Avec les Français :**
a. Accepter ou refuser et s'excuser poliment
Savoir répondre à une proposition comme on le souhaite permet d'être plus à l'aise : le refus est toujours délicat, mais il est rassurant de savoir qu'on a les moyens (linguistiques) de refuser en restant poli.

b. Comment saluer
On tient ici à rappeler les diverses manières de saluer, mais il sera prudent de faire remarquer que les manières les plus passe-partout restent celles qui ont été étudiées dans les premières leçons :
— *Bonjour, comment allez-vous (ça va) ?*
et : — *Au revoir (À bientôt).*

Salut, très employé en France, ne peut pas s'employer dans n'importe quelle situation de communication : cette formule reste très familière.

LEÇON 21

Objectifs

• **Communication**
– Parler d'un événement passé.
– Présenter son curriculum vitae.

• **Vocabulaire**
– Un CV, se présenter à un entretien.
– La chronologie.

• **Grammaire**
– Le passé composé avec *avoir*.
– Les participes passés des 1ᵉʳ et 2ᵉ groupes.
– Les participes passés : *eu, fait, vécu, compris.*

• **Prononciation**
– Comment écrire le son / s /

SITUATION 1 (p. 102)

Objectifs

• Parler d'un événement passé qui est en rapport avec le présent.
• Savoir situer les événements les uns par rapport aux autres et employer le temps voulu (présent ou passé).
• Apprendre la conjugaison du passé composé, ici seulement avec *avoir*.

Comment procéder ?

• Partir de la photo : que font les deux personnes ? Faire remarquer que Mme Dufour est assise derrière le bureau et qu'elle a devant elle des documents.

• Écouter les deux premières répliques et expliquer (traduire si nécessaire) *CV*.
– À qui parle Mme Dufour ? Qu'est-ce qu'elle dit ?
– Quel âge a Loïc Mallet ?
– Pourquoi Mme Dufour dit-elle *Voyons…* ? (réponse : elle lit le CV donc elle le regarde : *Voyons* = impératif de *voir*)
– De quels pays parle-t-elle ?
– Où vit Loïc ? Il vit *maintenant* au Japon ?… Que dit-elle exactement ?

• Poursuivre le dialogue et faire remarquer que la réponse de Loïc reprend le mot *vécu* ; donner la forme du présent de ce verbe et l'expliquer par votre propre présence : *Je vis à… et vous aussi, mais en 1998 et 1999, j'ai vécu à… Et vous ?*

• Écouter la réplique de Mme Dufour jusqu'à *une école de commerce*.
Noter l'expression *en même temps* qui permettra de différencier les différents moments de la vie de Loïc :
– Où Loïc étudie-t-il le japonais d'abord ? Ensuite ?
– Qu'est ce qu'il étudie aussi en même temps ?

• Écouter la dernière partie du dialogue et situer les faits par ordre chronologique :
D'abord… il étudie…

Ensuite… il fait un stage…
Ensuite… il a un travail intérimaire…
Et maintenant que fait-il ? Reprendre en employant le passé composé :
*Il **a étudié** le japonais, il **a préparé** une école de commerce, il **a fait** un stage.*
***Maintenant**, il **cherche** un emploi.*
Opposer les formes verbales.

• Vocabulaire (p. 102) •

Il faut insister sur le fait qu'il s'agit d'une situation très particulière, celle de l'entretien. Les mots se rapportent donc essentiellement à l'activité passée de Loïc (études, travail), présentée chronologiquement.

• Manières de dire (p. 102) •

Ces expressions indiquent l'attitude de Mme Dufour : elle reçoit Loïc, elle lui parle, mais elle lit en même temps son CV.

Souligner l'emploi des articles indéfini ou défini dans les expressions :
   *Vous avez fait un stage dans **une** banque*
et   *Vous avez eu un emploi… dans **la** publicité*
ou   *Vous n'avez jamais travaillé dans **l'**import-export ?*

Dans le premier cas, il s'agit d'une banque concrète, c'est-à-dire un lieu, un établissement déterminé. Dans les deuxième et troisième cas, on désigne un secteur, un domaine d'activité en général sans signifier un établissement précis ; sinon on dirait : *dans **une** agence de publicité*, par exemple.

ACTIVITÉ 1 (p. 102)

Cette activité est à relier directement au dialogue. Elle permet de se familiariser avec les termes usuels des imprimés demandant des renseignements personnels. Certains éléments ne figurent pas dans la Situation 1 (la nationalité…), on peut donc répondre *Je ne sais pas*, expression déjà vue (leçon 17), ou compléter à partir d'éléments contenus dans la Situation 1 (pour les langues par exemple).

MALLET	Loïc
24 ans	français
célibataire	école de commerce
japonais	stage dans une banque
	intérimaire dans la publicité

Prononciation (p. 103)

ACTIVITÉ 2 (p. 103)

Cet exercice doit faire prendre conscience de la variété orthographique du son / s / en français en même temps qu'il doit faire repérer ce son et le différencier de ceux qui lui sont proches. On peut signaler au passage aux élèves une règle fondamentale : entre deux voyelles, on doit écrire deux « s » pour avoir le son / s /, mais ce n'est pas la seule possibilité d'écriture (cf. *publicité*).

	écriture		écriture
votre CV	c	notre attention.	t
vous êtes célibataire	c	j'ai vécu six ans	s
C'est ça	c / ç	une école de commerce	c
vous avez fait un stage	s	de septembre à novembre	s
l'import-export	x	intéressant	ss

Grammaire (p. 103)

1 • Conjugaison

a. Le présent de *vivre*
Faire remarquer l'alternance de radical : *vi-* / *viv-*.

b. L'impératif de *voir*
La première personne du pluriel est souvent utilisée dans l'emploi qu'elle a dans cette situation, c'est-à-dire comme mot d'appui.

c. Le passé composé : *avoir* + participe passé
• Il faut bien préciser qu'il s'agit d'**une forme** qui traduit **un temps passé**, même si l'auxiliaire *avoir* est au présent (on peut signaler qu'on l'appelle un « auxiliaire » = « ce(lui) qui aide »).
• Pour la formation du participe, faire noter la régularité du premier groupe : on remplace le *-er* final de l'infinitif par un *-é* (même pour *aller*, si irrégulier par ailleurs).
• Les autres verbes sont plus fantaisistes : **il faut apprendre** le participe correspondant au fur et à mesure.

2 • L'expression du passé
Mots indiquant le temps + ***dernier, -ère***
Signaler qu'il existe certaines impossibilités, parce qu'il y a des mots spécifiques, comme *hier* pour *le jour dernier* ou *demain* pour *le jour prochain*.

ACTIVITÉ 3 (p. 103)

Pour se familiariser à la fois avec ces expressions et le passé composé, faites faire l'**activité 3** qui porte sur ces deux aspects de la leçon.
1 - Non, nous avons fait des courses la semaine dernière.
2 - Non, nous avons visité Athènes l'été dernier.
3 - Non, ils ont fait un stage l'année dernière
4 - Non, elle a changé d'école l'automne dernier.
5 - Non, j'ai passé un examen le mois dernier.

SITUATION 2 (p. 104)

Objectifs
• Parler d'un passé récent (le jour même) au passé composé.
• Passé composé avec *avoir* : verbes du 2e groupe et composés de *prendre*.
• La place de la négation au passé composé.

Comment procéder ?
• Faire regarder attentivement la photo : Qui embrasse qui ? Que porte la petite fille sur son dos ?

(un cartable ou un sac si personne ne connaît le mot *cartable*). Pourquoi ? (elle va à l'école ou elle arrive de l'école).

• Faire écouter les deux premières répliques du dialogue : Qui parle à qui ? Noter l'intonation : Alice est étonnée. Pourquoi ? Faire noter les appellations : *maman* et *ma chérie* : termes très fréquemment utilisés entre mère et fille. Les deux premières répliques indiquent que l'enfant sort de l'école.

• Faire écouter le reste du dialogue. Repérer la phrase clé : *tu as bien travaillé ?* et poser des questions à partir de cette phrase : Où travaille Alice ? Qu'est-ce que le travail à l'école ? Quelle matière Alice aime-t-elle surtout ? Pourquoi ? (écouter une deuxième fois la partie centrale du dialogue s'il le faut et faire observer attentivement les expressions relevées dans « Manières de dire »).

• Expliquer le système de notation en France : en général on note sur 10 dans le primaire (et sur 20 au collège et au lycée). Alice a obtenu 10 sur 10 !

• Expliquer l'expression *Quoi donc ? Quoi* (= qu'est-ce que) est très employé mais parfois un peu familier. Le *donc* indique une conséquence : c'est un lien logique important. Attention à son emploi ! Ici la petite fille n'a pas terminé d'expliquer vraiment ce qui lui est arrivé ; sa mère lui demande donc quel a été le résultat de ses efforts.

Prononciation (p. 104)

ACTIVITÉ 4 (p. 104)

C'est un exercice de simple discrimination.
Texte enregistré :

Exemple : 1 - Je travaille dans la publicité.	*oui*
2 - Tu as bien travaillé.	*non*
3 - C'est difficile.	*oui*
4 - Oui, j'ai fini tôt ma chérie.	*non*
5 - Je n'ai pas réussi.	*oui*
6 - Vous avez bien compris ?	*non*
7 - J'ai fini l'exercice.	*oui*
8 - J'ai eu dix en mathématiques.	*oui*

Grammaire (p. 105)

3 • Conjugaison : le passé composé : *avoir* + participe passé (suite)

Indiquer la formation régulière du participe passé de tous les verbes du 2e groupe, en signalant que *réussir* est un verbe du 2e groupe !

Rappeler les caractéristique de ces verbes : infinitif en -*ir* + alternance du radical au présent : singulier en *i*-, pluriel en *iss*-, type *je fini-s / nous finiss-ons ; je réussi-s / nous réussiss-ons.*

Participe passé = infinitif moins -*r* ➡   finir ➡ *fini*
                                                réussir ➡ *réussi*
                                                réfléchir ➡ *réfléchi*

Signaler à l'occasion de l'étude du verbe *comprendre* qu'à l'intérieur de ce groupe de verbes « irréguliers », il y a tout de même des regroupements. Ainsi tous les composés de *prendre* se conjuguent comme lui ; on aura donc : *je comprends / nous comprenons*, puis *j'apprends / nous apprenons*. Participe passé : ***pris / compris / appris.***

4 • Place de la négation avec un verbe au passé composé

ne + auxiliaire + mot négatif + participe passé

Exemples :
*Il **n'**est **pas** venu ; elles **n'**ont **pas** mangé.*

ACTIVITÉ 5 (p. 105)

C'est à la fois un exercice d'écoute et de réemploi de la réponse négative à une question négative.
Deux difficultés sont à noter :
– la compréhension de la question ;
– la place des mots négatifs.
L'exercice est facilité par la présence du début de la réponse attendue. Souligner qu'en français, on ne répète pas, si possible, les noms mais qu'on les remplace par un pronom (*cf.* les pronoms sujets ou *rien*, pronom indéfini) ou qu'on ne les reprend pas (*cf.* phrase 4).

Exemple : Paul n'a jamais appris l'anglais ? (ne ... jamais)
➠ *Non, il n'a jamais appris l'anglais.*

1 - Alice n'a pas bien compris ? (ne ... rien)
➠ *Non, elle n'a rien compris.*

2 - Vous avez visité Tokyo ? (ne ... pas)
➠ *Non, je n'ai pas visité Tokyo.*

3 - Vous n'avez pas vécu en Chine ? (ne ... jamais)
➠ *Non, nous n'avons jamais vécu en Chine.*

4 - Victor n'a pas réussi son examen ? (ne ... pas)
➠ *Non, il n'a pas réussi (son examen).*

5 - Les enfants n'ont pas acheté des fruits ? (ne ... rien)
➠ *Non, ils n'ont rien acheté.*

ACTIVITÉ 6 (p. 105)

1. Cet exercice demande un travail personnel : essayer de trouver les mots correspondant à ce qu'on veut exprimer, dire sa propre expérience, ou en imaginer une…, mais il peut être fait aussi à deux ou trois élèves qui s'entraident.

2. D'abord vous cherchez un travail… Ensuite vous regardez un CV intéressant et vous parlez avec cette personne.
Le jeu consiste à jouer d'abord un rôle, puis l'autre, chacun étant tour à tour futur employeur ou futur employé. On peut imaginer que l'employeur pose plus de questions que dans la Situation 1.
Si nécessaire, s'aider d'un dictionnaire pour étoffer le vocabulaire et les possibilités de dialogue.

LEÇON 22

Objectifs

• **Communication**
– Parler au passé (2).
– Reprocher quelque chose à quelqu'un.
– Donner des explications sur un fait passé.

• **Grammaire**
– Conjugaison : le verbe *devoir*.
– Le passé composé avec l'auxiliaire *être* (2).

• **Vocabulaire**
– La santé, les maladies.

– Les horaires, la banlieue.

• **Prononciation**
– Intonation (1) : exprimer un doute.
– Intonation (2) : reprocher quelque chose à quelqu'un

SITUATION 1 (p. 106)

Objectifs

Faire pratiquer le passé composé ; évoquer l'emploi du temps (annuel).
Tout le dialogue tourne autour du même sujet : les absences répétées d'une collègue de bureau.

Comment procéder ?

Faire écouter le dialogue une fois en entier puis en deux parties :
1. du début jusqu'à *Elle doit se reposer une semaine*
• **Bonjour, tout le monde !** Elsa arrive dans un bureau où travaillent plusieurs personnes. Elle les salue collectivement. On peut préciser que cette manière de saluer est familière.
• **On est le 21 juin**. Les élèves connaissent déjà *Nous sommes le 1er décembre* (leçon 16). On rappellera les dates du printemps (21 mars), de l'été (21 juin), de l'automne (23 septembre) et de l'hiver (22 décembre). On insistera sur l'importance des vacances pour les Français. *C'est l'été* sous-entend sans doute *Bientôt les vacances !*
• **Elle a téléphoné tout à l'heure.** Les élèves ont déjà vu *À tout à l'heure* (leçon 17) qui se réfère à un futur proche. Ici, *tout à l'heure* évoque un passé récent.
• Les élèves ont déjà rencontré le *Tiens !* qui marque la surprise. Mais ils ne connaissent pas le **Tiens, tiens!** qui exprime le doute et parfois, comme ici, l'ironie. Dans ce dialogue, le *Tiens, tiens !* est à rapprocher du *encore* dans *Qu'est-ce qu'elle a encore ?*
• **Elle doit se reposer.** Pour faire comprendre le sens du verbe *devoir*, on peut passer par des mini-dialogues en réutilisant l'impératif et la forme *il faut* + infinitif, vus dans l'unité précédente.

2. de *Encore !* jusqu'à la fin
• **Elle a été absente dix jours pour une bronchite.** Trois difficultés dans cette phrase :
– **être absent.** On peut introduire *présent* et, en partant de la présence ou de l'absence des élèves en classe, faire comprendre : *il est absent.* Puis reprendre : *Aujourd'hui elle est absente. En janvier, elle a été absente ;*
– **être absent dix jours.** L'absence de la préposition (*pendant*) peut troubler les élèves. On peut travailler : *Elle est venue deux semaines / Elle a été absente une semaine / Elle est partie une semaine ;*
– **pour.** Ici, *pour* a un sens causal. Autre exemple : *– Ils sont fâchés. – Pourquoi ? – Oh, pour rien.*

• **Prendre des vacances, prendre une semaine de vacances.** Les élèves ont déjà vu d'autres sens de ce verbe : *prendre un café, prendre le bus.*

• **Elle exagère !** On peut expliquer ce verbe par le contexte : Sonia est tout le temps absente, elle exagère !

ACTIVITÉ 1 (p. 106)

Objectif

Compréhension orale.

Cette activité ne devrait pas poser de problème aux élèves : ils ont à repérer des durées (dix jours, six jours, une semaine, trois semaines) et des motifs d'absence : maladie/cure thermale ou vacances.

janvier	*dix jours*	*une bronchite*
février	*six jours*	*un rhume*
mars	*une semaine*	*vacances*
avril	–	–
mai	*trois semaines*	*une cure thermale*
juin	*une semaine*	*maladie*

Prononciation (p. 107)

ACTIVITÉ 2 (p. 107)

Objectif

L'intonation expressive.

Comment procéder ?

Avant de faire écouter le document aux élèves, on le prononcera en insistant sur l'intonation qui traduit le doute (l'incrédulité) et l'ironie.

Grammaire (p. 107)

Objectifs

1 • Conjugaison : le verbe *devoir*

Faire remarquer l'irrégularité de ce verbe *devoir*.

2 • Le passé composé conjugué avec l'auxiliaire *être*

C'est le point central de cette leçon.

Comment procéder ?

On notera :

• que les verbes conjugués avec cet auxiliaire ne sont pas à proprement parler des verbes de mouvement (comme il est parfois dit dans les grammaires). Par exemple, ni *marcher*, ni *courir*, ni *sauter*, ni *nager* ne se conjuguent ainsi. Il s'agit plutôt de verbes indiquant un changement de lieu. Ces verbes sont en nombre réduit et très fréquemment utilisés. Les élèves en connaissent déjà plusieurs. On peut faire remarquer que le verbe *rester* est un peu particulier puisqu'il indique un non-changement de lieu ;

• que lorsque le passé composé se conjugue avec l'auxiliaire *être*, le participe s'accorde avec le sujet (***elle est sortie***), ce qui n'est pas le cas avec l'auxiliaire *avoir*.

On peut donner une liste de verbes au passé composé :

Elle est venue.

Elle a mangé.
Elle est allée au cinéma.
Elle a téléphoné à Pierre.
Elle a visité un musée.
Elle est arrivée chez elle à onze heures.
Elle s'est couchée tard.

Puis demander aux élèves de faire des hypothèses sur la règle orthographique.

ACTIVITÉ 3 (p. 107)

Objectif

Pratiquer le passé composé avec l'auxiliaire *être*.

Comment procéder ?

Il s'agit simplement, dans cet exercice, de revoir le présent du verbe *être* et de pratiquer le passé composé conjugué avec cet auxiliaire.

1 - Vous vous êtes levés...	*3 - Tu es sortie...*
2 - Elles sont allées...	*4 - Gérald et Bill sont partis...*

ACTIVITÉ 4 (p. 107)

Objectif

À partir d'un participe passé, faire retrouver l'infinitif.

Comment procéder ?

• On incitera les élèves à travailler par groupes de trois.
• On les amènera à constater (comme dans la leçon précédente) que lorsque le participe passé se termine par *-é*, l'infinitif se termine par *-er.*

Attention ! si les verbes dont le participe se termine par *-i* ont un infinitif en *-ir*, l'inverse n'est pas toujours vrai. Exemple : *venir (je suis venu), courir (j'ai couru)...*

1 - prendre ; 2 - arriver ; 3 - courir ; 4 - dormir ; 5 - faire ; 6 - sortir 7 - déménager ; 8 - détester ; 9 - adorer

Suggestion d'activité complémentaire

Demander aux élèves de relever systématiquement dans un petit carnet tous les passés composés qu'ils rencontrent en les classant selon la terminaison des participes passés :

-É	-I	-U	-IS	Irréguliers	
arriver	finir	pouvoir	prendre	faire	– fait
manger	réussir	venir	apprendre	vivre	– vécu
			comprendre	être	– été
				avoir	– eu

SITUATION 2 (p. 108)

Objectifs

L'expression du reproche ; comment s'excuser et donner des explications sur un retard.

Comment procéder ?

• L'attitude de la femme sur l'image aide à comprendre qu'elle reproche à son mari d'arriver en retard (geste vers la pendule). On comprend aussi qu'il arrive de son travail (il porte un imperméable et a une serviette à la main).

• Avant d'exploiter le dialogue, on peut inciter les élèves à formuler des hypothèses sur son contenu à partir de leur lecture de l'image. Ils ont désormais un bagage linguistique suffisant pour tenter de le faire. Par exemple : *Elle est fâchée. – Elle dit : « Tu exagères ! » – Il arrive tard. – Il est neuf heures et demie...*

On peut introduire : *Elle n'est pas contente.*

• Faire écouter le dialogue entier.

• On reviendra sur certains mots et expressions :

– **avoir des problèmes.** On s'appuiera sur des exemples pris dans la classe : hier, tel élève n'est pas venu (ou est arrivé en retard). Pourquoi ? Il a eu des problèmes (par exemple, difficultés de circulation, son fils est malade...).

– **rater le train.** L'image aide à comprendre le sens de ce verbe. On peut introduire : *manquer le train.*

– **J'ai dû attendre le train de 21 h 36.** Pour l'instant, on ne verra que ce sens (obligation, nécessité) du verbe *devoir.*

– **C'est dur d'habiter en banlieue.** On expliquera avec un plan de Paris et de ses environs ce qu'est la banlieue. On prendra comme autre exemple la situation des élèves (*Est-ce que vous habitez en banlieue ? C'est bien, la banlieue ? Vous aimez habiter en banlieue ?*).

On reviendra sur la structure de cette phrase : *C'est dur **d'**habiter en banlieue.*

Reprises :

Vivre en banlieue, c'est agréable ➡ ....

Faire les vendanges, c'est fatigant ➡ ....

Apprendre une langue étrangère, c'est intéressant ➡ ....

– **C'est bien, la banlieue.** On peut faire expliciter : c'est bien parce qu'il y a des espaces verts, parce que c'est tranquille, parce qu'il y a des jardins, etc.

– C'est gentil, **c'est vraiment gentil.** Elle a attendu Alain pour dîner. Il la remercie.

ACTIVITÉ 5 (p. 108)

Objectif

L'intonation expressive

Comment procéder ?

On travaillera dans cette activité l'expression du reproche. Comme précédemment, on prononcera en articulant bien et en exagérant un peu l'intonation.

ACTIVITÉ 6 (p. 108)

Objectif

Compréhension écrite.

Attention ! on ne sait pas si Alain travaille le matin. Il rentre tard mais cela ne signifie pas qu'il commence après le déjeuner !

1 - Je ne sais pas.

2 - Vrai.

3 - Vrai.

4 - Faux, les enfants ont dîné mais elle, elle a attendu Alain.

Grammaire (p. 109)

Objectifs

Le sens du verbe *devoir* (avec idée d'obligation) ; l'accord du participe passé avec l'auxiliaire *être*.

Comment procéder ?

C'est sur l'accord sujet-participe passé (lorsque le verbe s'accorde avec l'auxiliaire *être*) que l'on insistera. Il est évident que les règles orthographiques, en ce qui concerne les accords du participe passé, sont infiniment plus complexes. À ce niveau, on se contentera de donner la règle suivante (en précisant qu'il s'agit d'une règle provisoire) :

Avec l'auxiliaire *être*, le sujet et le participe s'accordent.

Avec l'auxiliaire *avoir*, non.

ACTIVITÉ 7 (p. 109)

Objectif

Choisir l'auxiliaire correct en fonction du verbe.

Comment procéder ?

Attention ! dans cette activité, les élèves ont à réaliser **deux tâches** : choisir l'auxiliaire correct et accorder, le cas échéant, sujet et participe.

Si l'exercice semble difficile, on peut procéder en deux temps :

– demander oralement aux élèves quel est l'auxiliaire correct pour chacun des verbes ;

– faire faire l'exercice en attirant leur attention sur les phrases 2, 3 et 4.

1 - Hier, elle a dîné à dix heures.

2 - Elle est sortie à 18 h.

3 - Elle est venue en métro.

4 - Elle s'est levée à 6 h.

5 - Ils ont dîné au restaurant.

ACTIVITÉ 8 (p. 109)

Objectif

Récapituler les acquis en ce qui concerne le passé composé.

Comment procéder ?

• Faire faire l'exercice par groupes de trois.

• Si l'exercice paraît difficile, proposer une liste de verbes utilisables :

se laver – prendre – aller – manger (ou *déjeuner*) *– travailler (rester au bureau) – sortir* (ou *partir*) *– voir – rentrer.*

On peut donner cette liste par ordre alphabétique.

Elle a déjeuné. Elle a pris le bus. Elle est arrivée au bureau à 9 h.

À midi, elle a déjeuné au restaurant. Elle a travaillé jusqu'à 5 h.

À 5 h, elle est partie du bureau et elle est allée au cinéma. Elle a vu un film japonais.

Elle est rentrée chez elle à 9 h.

Suggestion d'activités complémentaires

• Avec des images (deux personnes en train de se disputer, par exemple), demander aux élèves d'imaginer ce qui s'est passé avant.

• Avec un extrait de film muet (Charlie Chaplin poursuivi par la police, par exemple), faire raconter ce qui a pu se passer avant cette scène.

• Demander aux élèves d'écrire puis de raconter (par groupes de trois ou quatre) un voyage imaginaire (*L'année dernière, nous sommes allés…*).

LEÇON 23

Objectifs

• **Communication**
– Parler du passé récent (3).
– Raconter ses vacances, un séjour à l'étranger...

• **Grammaire**
– Le passé composé (3).
– Les verbes se conjuguant avec les deux auxiliaires.

• **Vocabulaire**
– Les vacances, le tourisme.
– Les activités culturelles.

• **Prononciation**
– Le son / ʒ /.
– Les sons / ʒ / – / ʃ / – / s / – / z /.

SITUATION 1 (p. 110)

Objectif

Comme dans les deux précédentes leçons, il s'agit ici de raconter un événement situé dans un passé récent.
L'image montre deux jeunes filles en train de bavarder dans une cafétéria.

Comment procéder ?

• Pour faciliter la compréhension, on écrira au tableau les noms propres mentionnés dans le dialogue en les expliquant (éventuellement à l'aide d'une carte) : **la Grèce – Athènes – le Parthénon – le Péloponnèse – Épidaure**.

• On fera entendre le dialogue entier. On insistera sur les points suivants :
– **Je suis rentrée hier.** Laura est partie, elle a passé deux semaines en Grèce. Après, elle est rentrée (*partir/rentrer*). On peut introduire également *revenir*. Ici, *re-* (ou *r-*) indique une idée de répétition ; exemple : *refaire* = faire à nouveau.
– **un copain.** Les élèves connaissent le mot *ami* (leçon 10). On précisera :
. que des « copains » ont en général le même âge (il s'agit le plus souvent de personnes jeunes) ;
. qu'un copain est moins proche qu'un ami ;
. que ce terme appartient au registre familier.
On indiquera que le féminin est *une copine*.
– **Nous sommes montés au Parthénon.** On expliquera (ou on rappellera) que le Parthénon se trouve sur une colline assez abrupte. D'où l'utilisation du verbe *monter*.
– On rappellera les différents adjectifs rencontrés jusqu'ici pour exprimer **l'admiration** :
c'est joli (leçon 3), *c'est beau* (leçon 4), *c'est super* (leçon 16), *c'est bien* (leçon 19), *c'est superbe* (leçon 23).
– **Nous nous sommes promenés – Vous vous êtes baignés ?** Pour des élèves, il est difficile d'utiliser les verbes pronominaux à ces personnes **nous** et **vous**, particulièrement à un temps composé.
Alors qu'ils pratiquent facilement : *je me lève, elle se promène, on se téléphone...*, phrases dans lesquels pronom sujet et pronom objet sont bien différenciables, la « répétition » du *nous* ou du *vous* les gêne.

Ils sont souvent tentés de dire : * *Nous sommes se promener*, ou encore * *Nous sommes nous promener*. Il est donc nécessaire d'insister sur ce point.

Suggestion d'activité complémentaire

On reprendra les verbes pronominaux d'abord au présent puis au passé composé. Par exemple :

Elle se lève très tôt ➠ *Elle s'est levée très tôt.*

Ils se retrouvent à six heures ➠ *Ils se sont retrouvés à six heures.*

Nous nous promenons ➠ *Nous nous sommes promenés.*

Vous vous baignez ➠ *Vous vous êtes baignés.*

Prononciation (p. 110)

Objectif

Le son / ʒ /.

Comment procéder ?

Le son / ʒ / est assez difficile, surtout lorsqu'on l'oppose au son / ʃ / (*j'ai / chez*).

Remarque. Dans les deux cas, la position de la bouche est la même (bouche entrouverte, lèvres en avant) et l'air passe de la même façon entre les dents. La seule différence réside dans la vibration ou non des cordes vocales.

• Faire dire aux élèves de manière continue ʒʒʒ puis ʃʃʃʃʃʃʃʃ en leur demandant de placer deux doigts au niveau de la glotte. Ils constateront très nettement la vibration des cordes vocales dans le premier cas.

On peut procéder à la même expérience pour différencier le / z / du / s /. Si l'on prononce **zzzzzzz**, les cordes vocales vibrent. Si l'on prononce **sssssss**, il n'y a aucune vibration.

• Une seconde expérience permet de distinguer / ʒ / et / ʃ / d'une part, / z / et / s / de l'autre. Faire prononcer, comme précédemment, la consonne de manière continue en demandant aux élèves de se boucher les oreilles.

Pour les sons ʃʃʃʃʃʃʃ et **sssss**, il n'y a pas de bourdonnements d'oreilles alors que pour les sons ʒʒʒ et **zzzzzzzz**, le bourdonnement est très perceptible.

ACTIVITÉ 2 (p. 111)

Objectif

Discrimination des sons / ʒ /, / z / et / s /.

Comment procéder ?

• Avant de faire écouter les phrases, prononcer et faire répéter plusieurs fois :

la plage – la place / ils ont – ils sont / ils sont gentils / elles sont jeunes / ils arrivent déjà.

• Faire écouter les dix phrases (qui sont très brèves) trois fois.

Le son / ʒ / dans la phrase d'exemple (elle est jolie) et dans les phrases 2, 5, 9.

Le son / z / dans les phrases 3 et 8.

Le son / s / dans les phrases 4, 6, 7 et 10.

Grammaire (p. 111)

1 • Le passé composé avec les auxiliaires *être* et *avoir*

Comment procéder ?

Les élèves ont étudié le passé composé avec l'auxiliaire *avoir*, puis avec l'auxiliaire *être*. On peut leur indiquer, en prenant l'exemple du verbe *passer*, que certains verbes acceptent l'un ou l'autre de ces auxiliaires. Il s'agit des verbes *passer*, *monter* et *descendre*, *(r)entrer* et *sortir*.

Suggestion d'activité complémentaire

On peut proposer des couples de phrases (qui sont toutes correctes) :

Elle a passé un an en Chine.	Elle a monté ses bagages.
Elle est passée chez moi.	Elle est montée au 6ᵉ étage.

Elle a sorti les clés de son sac.	Elle a rentré les fleurs à cause du froid.
Elle est sortie un peu tard.	Elle est rentrée chez elle à dix heures.

Puis demander aux élèves de découvrir quand il faut utiliser l'auxiliaire *avoir*.

2 • Les différents sens de *tout*

a. *Tout, toute, tous, toutes* : adjectif

C'est surtout à l'écrit que l'on rencontre des erreurs sur ce point de langue. En effet, dans *tout le temps* et *tous les gens,* on entend le même son / tu /. De même, dans *toute la vie* et *toutes les fois*, on entend le même son / tut /.

Comment procéder ?

Bien faire remarquer que le ***tout*** adjectif est toujours suivi d'un article défini (*l'*, *le*, *la*, *les*), d'un possessif (*mon*, *ma*, *mes*) ou d'un démonstratif (*ce*, *cet*, *cette*, *ces*). Il fait partie du groupe nominal (c'est un « pré-déterminant ») et s'accorde donc avec le nom.

b. *Tout* : adverbe

Sens de *très*, *complètement*, *tout à fait*.

Comment procéder ?

On ne peut insister beaucoup, à ce stade de l'apprentissage, sur ce point. On fera remarquer cependant ce sens de *tout* dans la phrase : *Elle est toute bronzée.*

3 • *Demain* / *le lendemain* - hier / la veille - le mois dernier / le mois précédent - le mois prochain / le mois suivant

Ce point ne sera vu, à ce stade, que très rapidement.

SITUATION 2 (p. 112)

Objectif

Compréhension orale d'un récit fait au passé composé.
Attention ! il ne s'agit pas d'un dialogue, comme dans les autres leçons, mais d'un **monologue.**
Une jeune fille arrive de Montréal, où elle habite. Elle vient passer une semaine à Paris. Elle raconte (au passé composé) ce qu'elle a fait. Ce qu'elle raconte ne correspond pas exactement à ce qu'elle a noté sur son agenda.

Comment procéder ?

• Première tâche pour les élèves : corriger l'agenda. Barrer ce qui est faux ; éventuellement, le remplacer par ce qui est entendu. Par exemple :

LUNDI soir : Comédie-Française ➠ pièce de ~~Shakespeare~~ / de Molière.

• Deuxième tâche (**activité 3**)

– Faire repérer par les élèves les lieux dont il est question. Les photos sont légendées.

– On procédera en deux temps :

. d'abord leur demander simplement de cocher les noms qu'ils ont entendus ;

. ensuite, après une seconde écoute, leur faire préciser le jour où Keiko est allée dans tel ou tel lieu.

• Troisième tâche (**activité 4**)

– Repérer les verbes au passé composé.

– Demander aux élèves de prévoir deux colonnes : auxiliaire *avoir* ; auxiliaire *être*. En écoutant à nouveau le monologue, noter les verbes entendus.

Suggestion. Demander aux élèves de comparer leur liste avec celle de leur voisin. En cas de désaccord sur un verbe, possibilité de réécouter le document.

Transcription du document sonore :

Je suis arrivée à Paris lundi, le 19 juin à neuf heures. Enfin, pas à Paris mais à l'aéroport de Roissy-Charles de Gaulle. J'ai voyagé avec Air France. L'après-midi, je suis allée au Louvre. J'ai vu la Pyramide et je suis restée longtemps dans le musée. C'est génial !

Le soir, je suis allée à la Comédie-Française. J'ai vu une pièce de Molière.

Mardi, je me suis promenée toute la journée.

Mercredi, je suis allée à Versailles, j'ai visité le château.

Jeudi, j'ai déjeuné avec des amis japonais et après, nous avons pris le bateau-mouche. Ah oui, jeudi, après le bateau-mouche, nous sommes montés à la tour Eiffel.

Vendredi, vendredi… Qu'est-ce que j'ai fait, vendredi ? Ah, oui, oui. Vendredi, j'ai fait des courses. Je suis allée aux Galeries Lafayette. C'est bien mais c'est cher.

Et samedi, je suis rentrée à Montréal. J'ai pris un avion à dix heures du matin.

ACTIVITÉ 3 (p. 112)

2 = lundi ; 4 = jeudi ; 5 = vendredi ; 7 = lundi et samedi ; 8 = lundi

ACTIVITÉ 4 (p. 113)

ÊTRE	AVOIR
arriver	*voyager*
aller	*voir*
rester	
aller	*voir*
se promener	
aller	*visiter*
	déjeuner
	prendre
monter	*faire*
	faire
aller	
rentrer	*prendre*

Prononciation (p. 113)

ACTIVITÉS 5 et 6 (p. 113)

Objectif

Discrimination des sons / ʃ /, / ʒ /, / z / et / s /.

Comment procéder ?

Pour l'**activité 6**, faire travailler les mini-dialogues comme de petits sketches en insistant sur la phonétique mais aussi sur l'intonation.

ACTIVITÉ 7 (p. 113)

Cette activité reprend tout ce qui a été vu dans les leçons 21, 22 et 23.

Comment procéder ?

Les élèves doivent :
– comprendre un programme touristique ;
– passer des noms aux verbes (*promenade* ➟ *je me suis promené(e)* ; *déjeuner* ➟ *j'ai déjeuné*) mais aussi, s'il le faut, restituer le verbe manquant. Par exemple :
Musée d'Orsay ➟ *J'ai visité (ou j'ai vu) le musée d'Orsay.*
Bateau-mouche ➟ *Je me suis promené en bateau-mouche.*

Remarque. Les élèves ne peuvent guère **commenter** leur voyage puisque c'est l'imparfait (qu'ils ne connaissent pas encore) qui s'imposerait. Ils sont donc contraints, pour porter un jugement, d'utiliser un présent « intemporel » : *le Louvre, c'est intéressant ; le château de Versailles, c'est très grand,* etc.

Suggestion. On incitera les élèves à réutiliser :
– *d'abord, après, enfin,*
– *le lendemain,*
– *le matin, l'après-midi, le soir,*
– *le premier jour, le deuxième jour…, le dernier jour.*

LEÇON 24

Objectifs

• **Communication**
– Parler d'un événement familial passé.
– Comprendre un message sur un répondeur.
– Se repérer dans la chronologie.

• **Grammaire**
– Conjugaison : le verbe *dire* (présent et passé composé).
– Le passé composé avec les verbes pronominaux.

– Répondre à une question négative (*oui / si*).

• **Vocabulaire**
– Les membres de la famille (suite).
– L'expression du temps.

• **Prononciation**
– *On* + voyelle – *On n'* + voyelle.

SITUATION 1 (p. 114)

Objectifs
• Situer des actions et des faits dans un temps passé ou futur avec un changement de repère temporel : relativité des repères temporels.
• Laisser un message et comprendre un message sur un répondeur.

Comment procéder ?
• Regarder l'image : qui sont les deux personnes ? Que font Geneviève et Victor ? ➠ Ils arrivent chez eux (*cf.* la porte ouverte au fond), ils rentrent de voyage (*cf.* le sac). Le sac laisse penser qu'il s'agit d'un petit voyage (ils rentrent de week-end).
• Écouter les trois premières répliques :
Quand se passe cette scène ? ➠ Le dimanche, de retour de week-end.
• Écouter de *Regarde* jusqu'à *Écoutons !*
– Examiner attentivement la photo. Geneviève a la main sur un appareil : qu'est-ce que c'est ? C'est Victor qui le nomme : *le répondeur* (à rapprocher du verbe *répondre*).
– Ensuite expliquer le mot *message* et se laisser guider par les impératifs du texte : *regarde, écoutons*, ils indiquent la démarche à suivre.
• Écouter le message.
– Qui appelle ? La personne qui appelle est-elle seule à Paris ?
– Combien de temps restent-ils à Paris ?
– À quels temps sont les verbes ?
• Poursuivre l'écoute : Victor a bien compris ? Pourquoi ? C'est facile de comprendre le message ? Pourquoi ? Qu'est-ce qui est difficile ? Est-ce que Geneviève peut répondre à la question de Victor ? Quel jour a appelé Maryse, le samedi ou le dimanche ? Qui pense cela ? (Indiquer la valeur de *sans doute* qui traduit une probabilité à peu près comme *je pense* et non une certitude comme *sûrement*.) Pourquoi Victor est-il presque sûr que Maryse a appelé aujourd'hui ?
• Faire le point sur les expressions de temps en vous référant au tableau page 115.
Soulignez l'importance des temps des verbes : le futur dans le message devient un passé composé dans la dernière phrase du dialogue.

Suggestion d'activité complémentaire
On peut faire remarquer l'utilité de dater un message qu'on laisse sur un répondeur. Demander aux élèves d'essayer de reprendre le message laissé par Maryse en le datant précisément.

• Manières de dire (p. 114) •

Tout de même (quand même). Cette expression corrige ce qui vient d'être dit sans l'exclure et met en valeur cette correction.

Prononciation (p. 114)

ACTIVITÉ 1

Objectif

Distinguer phrase négative et phrase affirmative.

À l'oral, il n'y a pas de différence de prononciation entre ces deux groupes. La différenciation ne se fait que par la présence ou l'absence d'un mot négatif : *pas, rien, jamais*, etc. Mais à l'écrit, faire remarquer que **le *n'* est indispensable** pour indiquer la négation.

On a passé un bon week-end.	On n'a pas pu appeler avant. **X**
On est à Paris.	On n'a rien compris. **X**
On a bien compris.	On aimerait voir la tour Eiffel.
On n'écoute jamais la radio. **X**	On attend une réponse.

Grammaire (p. 115)

1 • Conjugaison : verbe *dire*

Faire remarquer la deuxième personne du pluriel qui a la même irrégularité que le verbe *faire* (*vous dites* et *vous faites*), et bien sûr la forme du participe passé : ***dit.***

2 • L'expression du temps : le moment de la journée

Il s'agit d'exprimer le passé ou le futur par rapport au présent, et de manière assez précise ; faire noter (ce qui a déjà été vu, mais sans être explicité) que :
– pour les moments du jour même (= aujourd'hui), on emploie l'adjectif démonstratif : *ce, cette* :
    *Nous sommes à Paris depuis **ce** matin.*
– pour le passé, le démonstratif est remplacé par le mot *hier* :
    *Elle n'a pas rappelé **hier** soir.*
– pour le futur, c'est *demain* qui en prend la place :
    *Je vais rappeler **demain** matin.*

Exception : le mot *nuit* qui n'admet pas cette construction. **Hier nuit* et ** demain nuit* n'existent pas !

ACTIVITÉ 2 (p. 115)

Cet exercice demande quelques informations préalables.
• Faire remarquer le jour et l'heure où a lieu la conversation, c'est ce moment-là qui sert de moment repère. **Lundi matin vers 10 h**, Patricia appelle Laure.
• Rappeler, si nécessaire, les jours de la semaine.
• Dans un premier temps, il ne s'agit que d'écoute : on doit compléter le texte donné. Faire écouter le texte plusieurs fois si nécessaire, en s'arrêtant pour vérifier la compréhension.

1. Lundi matin vers 10 h, Patricia appelle Laure.

Enregistrement :
Patricia : *J'aimerais aller voir une exposition ; tu es libre ?*
Laure : *Aujourd'hui ? humm… c'est difficile !* **Ce matin**, *je vais faire les courses, ensuite* **à midi**, *je déjeune avec Bruno ;* **cet après-midi**, *je dois aller chercher les enfants à l'école à quatre heures et demie, et* **ce soir**, *nous allons au cinéma.*
Patricia : *Et* **demain** *?*
Laure : **Demain matin**, *j'ai un cours de gymnastique à neuf heures et quart et un rendez-vous à onze heures. On peut se retrouver* **demain après-midi** *vers deux heures.*
Patricia : *D'accord. On se retrouve* **demain** *à deux heures.*

2. Mardi 11 h : Laure raconte ses journées de lundi et mardi à un ami.

Le début de ce récit rapporté est donné comme exemple. On ne change pas de personne (toujours la première) mais il faut changer les compléments de temps et les temps des verbes ; cela demande déjà un effort d'écoute et de manipulation.

Enregistrement :
Hier matin, je suis allée *faire les courses, ensuite* **à midi, j'ai déjeuné** *avec Bruno,* **l'après-midi, je suis allée** *chercher les enfants à l'école à quatre heures et demie, et* **le soir, nous sommes allés** *au cinéma.*

Faire remarquer que lorsqu'on situe dès le départ le contexte temporel (ici : *Hier*), on n'a pas besoin de préciser à chaque fois qu'il s'agit d'hier ; on se contente d'indiquer l'heure ou le moment de la journée.

SITUATION 2 (p. 116)

Objectifs
- Se situer par rapport à d'autres membres de la famille.
- Situer un fait passé et rapporter des événements liés à ce fait.
- Employer des compléments de temps pour situer dans le passé (ou le futur).

Comment procéder ?
- Faire écouter le début du dialogue en regardant l'image : deux mots sont à expliquer ensemble : *oncle* et *tante*. On peut se servir de l'idée de mariage pour cela : ce sont les mariés. Expliquer d'abord : tante Catherine est la sœur du père de Patrick et d'Isabelle, c'est leur **tante**. Puis : Catherine et François se sont mariés. François est leur **oncle**.
- Pour la date, il suffit de donner l'année correspondant à deux années avant l'année en cours.
- Les verbes pronominaux apparaissent ici de manière systématique, mais ce n'est qu'une révision de ce qui a déjà été vu dès la leçon 22.
- La fin du dialogue présente surtout une possibilité d'exploitation culturelle : la photo de mariage (même si on ne la voit pas très bien) peut servir d'appui pour présenter ce qui reste encore une fête très souvent familiale au sens large. Toute la famille se réunit : grands-parents, frères, sœurs, cousins, etc., souvent dans la maison « familiale » si elle existe encore ; d'où la remarque sur le grenier : la fête n'a pas eu lieu dans un appartement parisien, mais dans une grande maison, en province sans doute, peut-être dans un village ou à la campagne.

• Vocabulaire (p. 116) •

Mettre en relation *connaître* et *reconnaître* et bien différencier *rappeler* (Situation 1) de *se rappeler*.

ACTIVITÉ 3 (p. 116)

Patrick et Isabelle font le point sur leur famille.

Enregistrement :
Isabelle : *Tante Catherine est la sœur de papa, et oncle Jacques son frère. Grand-père et grand-mère ont donc eu trois enfants : Catherine, Jacques et Marc Lefort.*
Patrick : *Mais grand-père Jean n'a eu que deux filles : tante Anna et Hélène, notre mère.*
Isabelle : *Et tante Anna et oncle Bruno ont seulement un enfant : Paul… Laurin.*
Patrick : *Bien sûr, il a le nom de son père : Laurin. Le nom de maman et de sa sœur, c'est Vigneron.*
Isabelle : *Il y a beaucoup plus de Lefort, tout de même ! Regarde : oncle Jacques et tante Patricia ont eu deux filles et un garçon : Julie, Louise et Clément Lefort… Il y a nous et…*
Patrick : *Mais le bébé de tante Catherine ne va pas s'appeler Lefort ; il s'appellera Saillan comme son père.*
Isabelle : *Bien sûr !*
Patrick : *J'aimerais appeler mon fils Michel… Michel Lefort : c'est le nom de notre grand-père.*

• Il faut absolument suivre sur l'arbre généalogique les explications des deux enfants : cela oblige à être attentif aux liens familiaux, mais aussi aux noms (faire remarquer qu'en France, l'enfant porte le nom du père).
Le prénom du mari de Catherine Lefort nous est donné dans le dialogue, c'est François ; on peut donc commencer par lui si on veut.
• Faire compléter l'arbre au fur et à mesure, puis lorsqu'il est complet, compléter le texte au-dessus.
Voici, par génération (grands-parents/parents/enfants), tous les noms :

Grands parents : Michel **Lefort** et Denise   /   **Jean Vigneron** et Dominique

Parents : Patricia et **Jacques Lefort**   **Anna Vigneron** et Bruno Laurin
François Saillan et Catherine Lefort
Marc **Lefort** et Hélène Vigneron

Enfants : Julie Lefort   /   Patrick Lefort et   /   **Paul Laurin**
Louise Lefort   Isabelle Lefort
Clément Lefort

Explications complétées :
Paul Laurin et Patrick Lefort sont *cousins* ; Louise Lefort et Julie Lefort sont *sœurs*. Clément est leur *frère* : Julie et Isabelle sont *cousines* ; Patricia est la *mère* de Julie et la *tante* de Patrick ; Anna aussi est la *tante* de Patrick. Patrick et Isabelle ont *trois* oncles et *quatre* cousins.

Pour le nombre de cousins, on peut compter les cousins et les cousines (le pluriel l'emporte) ou seulement les cousins : deux.

Grammaire (p. 117)

3 • Conjugaison : le passé composé des verbes pronominaux

C'est essentiellement un rappel et une mise au point. On s'en tient pour le moment aux accords les plus simples.

4 • Réponse à une question négative

Nous complétons ici ce qui a déjà été abordé en leçon 21, mais la réponse affirmative à ce type de question est spécifique : *si.* Préciser qu'il n'y a pas le choix : *si = oui*, mais on ne peut pas employer *oui* pour répondre dans une phrase négative.

ACTIVITÉ 4 (p. 117)

1 - Vous ne vous levez pas tôt le lundi ?	*Si, je me lève tôt.*
2 - Tu ne sors pas souvent ?	*Si, je sors souvent.*
3 - Ils vont à la piscine, aujourd'hui ?	*Oui, ils vont à la piscine.*
4 - Paul aime bien les livres ?	*Oui, il aime les livres.*
5 - Les enfants n'ont pas école le mercredi ?	*Si, ils ont école le mercredi.*
6 - Tu ne vas pas en vacances ?	*Si, je vais en vacances cet été.*

Dans la dernière phrase, un complément de temps est nécessaire pour compléter la réponse, sinon on répondrait seulement : *Si* ou : *Si, bien sûr.*

5 • L'expression du temps : passé-présent-futur

On peut faire remarquer qu'*il y a* indique une durée. Il y a ainsi une forte nuance entre :
– *J'ai vu Jean la semaine dernière* = je l'ai vu n'importe quel jour de la semaine dernière. Si nous sommes mardi, j'ai pu le voir aussi bien samedi que jeudi ou lundi de la semaine d'avant ;
– et *J'ai vu Jean il y a une semaine* = si nous sommes mardi, je l'ai vu mardi dernier.

ACTIVITÉ 5 (p. 117)

• Il serait intéressant de faire de cette activité un jeu entre équipes. On peut par exemple faire deux équipes de trois ou quatre élèves qui essayent de constituer des familles à partir de deux personnages donnés (ici soit deux sœurs, soit un garçon et une fille). Chaque élève va créer (chacun à son tour) un membre de la famille. Gagnera l'équipe qui réussira à créer la famille la plus complexe en un temps donné.
• On peut faire dessiner cet arbre généalogique sur une grande feuille qui sera ensuite affichée et commentée pour le reste de la classe.
• Objectifs : faire bien retenir les liens de parenté, retrouver des prénoms et des noms de chaque personnage.

BILAN et STRATÉGIES

A - MAINTENANT VOUS SAVEZ...

1 **Parler d'un événement passé (utiliser le passé composé)**

Les difficultés sont de plusieurs ordres pour des élèves étrangers :

a. Il y a deux auxiliaires possibles. Les verbes se conjuguant avec *être* sont peu nombreux mais très utilisés.

Par ailleurs, certains verbes (*passer, monter, descendre, sortir, (r)entrer*) peuvent se conjuguer avec l'un ou l'autre des auxiliaires.

b. Les participes passés ont des désinences variées (et souvent trompeuses).

Par exemple : *finir* ➠ *j'ai fini* mais *venir* ➠ *je suis venu* et *ouvrir* ➠ *j'ai ouvert*

c. La place de la négation dans les temps composés présentera une autre difficulté.

Par exemple : *je **ne** mange **pas** / je **n'**ai **pas** mangé* mais

*je **ne** connais **personne** / je **n'**ai connu **personne***

Remarque. À ce stade de l'apprentissage :

– on n'abordera que très rapidement la **valeur** du passé composé (ici, essentiellement, **accompli du présent**) ;

– on n'opposera pas encore imparfait/passé composé, même si ces deux temps fonctionnent le plus souvent ensemble et ne sont guère définissables isolément.

Activité 1

il est sorti – il a manqué – il a dû – elle a attendu – les enfants ont mangé – ils se sont couchés

Activité 3

Je suis arrivée à Paris avant-hier et, hier, je suis allée visiter le Louvre.

Après-demain, je vais à Versailles mais avant, demain, je vais rencontrer mon ami Ronald.

Suggestion d'activité complémentaire

Faire comparer trois emplois du temps : celui d'un lycéen de quinze ans, celui de sa petite sœur de quatre ans, celui du père, employé dans une banque, en utilisant le passé composé :

Hier, Marco s'est levé à sept heures. Son père s'est levé à huit heures et Marion à neuf heures. Marco est parti au lycée...

2 **Situer un événement dans le temps**

Pour l'instant, on ne prendra comme point de référence que le présent : **aujourd'hui**. On disposera donc de part et d'autre les deux séries (de préférence complètes) :

– l'année dernière – cette année – l'année prochaine

– le mois dernier – ce mois-ci – le mois prochain

– la semaine dernière – cette semaine – la semaine prochaine

– il y a trois jours – aujourd'hui – dans trois jours

– avant-hier – aujourd'hui – après-demain

– hier – aujourd'hui – demain

B - Comment faire ?

1 **À la maison : travailler seul la phonétique**

Il est important de montrer aux élèves qu'ils peuvent travailler seuls, y compris dans le domaine de l'expression orale.

a. On regardera avec eux une cassette vidéo en français mais **sans le son** et en langue maternelle,

on les invitera à exprimer tout ce qu'ils ont remarqué (quant à l'articulation, bien sûr mais aussi en ce qui concerne la gestuelle typiquement française).

b. Pour les aider à tirer profit au mieux des exercices d'articulation à faire à la maison devant un miroir, on leur indiquera très précisément comment articuler tel ou tel son (position des lèvres, position de la langue, contrôle de la vibration des cordes vocales, etc.).

c. On leur demandera de travailler seuls à partir de brefs enregistrements (courts poèmes, refrains de chansons...) qu'ils auront à écouter, à apprendre et à réciter en respectant la prosodie.

2 Avec les Français : demander et exprimer une opinion

Les adjectifs que les élèves ont vus jusqu'ici sont tous laudatifs : *joli, beau, intéressant, super, bien, superbe, magnifique...*

On leur indiquera qu'il suffit de mettre les phrases à la forme négative pour exprimer une opinion négative, en précisant que l'on peut moduler son appréciation :

Ce film est superbe (j'adore ce film).

Ce film est intéressant (j'aime bien ce film).

Ce film n'est pas très intéressant (je n'aime pas beaucoup ce film).

Ce film n'est vraiment pas intéressant (je n'aime pas, je déteste ce film).

UNITÉ 1

Nom : ....

Prénom : ....   Note =   /20

• Vocabulaire •

Exercice 1

Reliez comme dans l'exemple.

Ronaldo   chanteuse
Juliette Binoche   acteur
Kenzo   écrivain
Françoise Sagan   couturier
Patricia Kaas   cinéaste
Jean-Luc Godard   actrice
Gérard Depardieu   footballeur

Exercice 2

Reliez comme dans l'exemple.

Kurosawa   le sport
Jean-Paul Gaultier   *The Times*
un étudiant   le théâtre
un journaliste   la musique
Shakespeare   le cinéma
Rostropovitch   l'université
Zinedine Zidane   la couture

Grammaire

Exercice 3

Regardez la carte de visite et répondez.

Vous êtes Mariana da Silva.

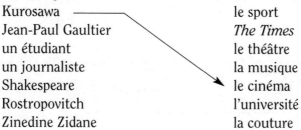

Mariana da Silva
Professeur de piano
12, rue de Madrid
33000 Bordeaux

1. Comment vous appelez-vous ? ....

2. Vous habitez à Paris ? ....

3. Vous êtes étudiante ? ....

4. Vous aimez la musique ? ....

Exercice 4

Mettez en ordre comme dans l'exemple.
suis / japonaise / je ➡ *je suis japonaise*

1. m' / Yukiko / je / appelle ➡ ....

2. la / vous / musique / aimez / moderne ➡ ....

....

3. parlez / anglais / espagnol / et / vous ➡ ....

....

4. G. Depardieu / cuisine /mais / est / acteur / aime / la / il ➡ ....

....

COMPRÉHENSION ÉCRITE

Exercice 5

Lisez et complétez.

Elle s'appelle Irène Malartic. Elle est française. Elle est née à Bordeaux le 10 décembre 1960. Elle habite à Paris, 132 avenue de la République. Elle est couturière. Elle parle anglais et italien. Elle aime la musique, le théâtre et la danse.

Nom : ....

Prénom : ....

Date et lieu de naissance : le .... à ....

Nationalité : ....

Profession : ....

Adresse : ....

Langues parlées : ....

UNITÉ 2

Nom : ....

Prénom : ....   Note =   /20

• Vocabulaire •

Exercice 1

Complétez avec les adjectifs comme dans l'exemple.

*Les tomates sont **chères**.*

Angela est	**grand et brun**
Le pull est	**chers**
Les pommes sont	**petite et mince**
Les ananas sont	**noire**
Une jupe	**délicieuses**
Marco est	**joli**

Exercice 2

Complétez avec dix mots différents.

À la cafétéria
Michaël et Noriko sont à la cafétéria.

La serveuse explique : « Il y a des .... , des .... et des .... »

Michaël prend un .... avec une ....

Noriko préfère une .... et une ....

Comme boisson, elle prend une ....

Elle n'aime pas les ....

Après, Michaël demande .... : ça fait 94 francs.

Grammaire

Exercice 3
– Conjugaison.

Verbes *parler, être, avoir, coûter, prendre, aimer*. Complétez comme dans l'exemple.

*Elle **a** deux filles et un garçon.*

1. Elle .... les jeans noirs.

2. Nous .... brésiliens.

3. Ils .... italien.

4. Les ananas .... 15 francs les deux.

5. Elsa, vous .... un café ou un thé?

Exercice 4

Un, une, des ou *l', le, la, les*? Complétez comme dans l'exemple.

Josiane voudrait **un** imperméable et .... bottes. Elle parle à .... vendeuse.

– Bonjour, mademoiselle. Je voudrais .... bottes, s'il vous plaît.

– Oui. Vous voulez .... bottes noires, là, à 650 francs?

– Euh, non merci. C'est cher pour moi. Et .... jupe verte, là, elle coûte combien?

– 280 francs. .... petite robe noire coûte 399 francs.

– C'est cher aussi! Et .... pulls, ils sont chers?

– 250 francs les deux.

– Bon, alors je prends .... pull bleu et .... pull noir.

– Et .... bottes?

– Non, merci.

COMPRÉHENSION ÉCRITE

Exercice 5

Lisez. Cochez ensuite la bonne réponse.

Une rock-star : Amélie Renard

Amélie Renard habite à Londres mais elle est canadienne.
Elle est chanteuse de rock et aussi professeur de musique.
Elle adore le théâtre et le cinéma; elle déteste faire la cuisine, elle préfère le restaurant.
Elle est jeune, mince, petite et brune. Elle aime nager, danser et courir. Elle aime lire aussi, mais elle déteste la télévision.
Elle n'aime pas les robes, elle préfère les grands pulls et les jeans avec des bottes de cow-boy.

1. Amélie Renard est

❏ étudiante de musique.
❏ danseuse de rock.
❏ chanteuse de rock.

2. Elle

❏ adore
❏ aime bien   } faire la cuisine.
❏ n'aime pas

3. Elle aime

❏ la danse.
❏ regarder la télévision.
❏ les films de cow-boys.

4. Elle est

❏ grande, jolie et brune.
❏ jeune et mince.
❏ mince, jeune et blonde.

UNITÉ 3

Nom : ....

Prénom : .... Note =   /20

• Vocabulaire •

Exercice 1

Reliez les mots contraires comme dans l'exemple.

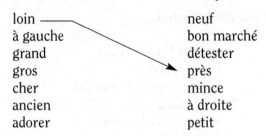

loin ——   neuf
à gauche   bon marché
grand   détester
gros   ——→   près
cher   mince
ancien   à droite
adorer   petit

Exercice 2

Vous êtes place de la République. Vous voulez aller à la gare du Nord. C'est facile ? Regardez le plan et répondez.

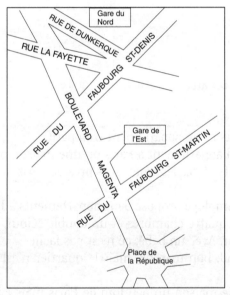

Je prends ....

....

Grammaire

Exercice 3
– Conjugaison.

Complétez et conjuguez comme dans l'exemple.

*Vous **aimez** la musique classique ?*

1. Vous .... la deuxième rue à gauche.

2. Après, vous .... à une place, la place de la Bastille.

3. Pardon, madame, je .... aller à la gare de l'Est.

4. Elsa et Marco .... au cinéma.

5. Moi, je .... les yaourts et les fruits.

6. Bonjour, je .... pour les inscriptions à l'université.

7. Vous .... la porte, là, au fond ? C'est là.

8. Elles .... une convocation pour le stage.

Exercice 4

Reliez une question et une réponse comme dans l'exemple.

1. Où allez-vous ?   **a.** C'est Patricia Kaas.
2. Qu'est-ce que c'est ?   **b.** Oui, j'arrive.
3. Où sont les fruits ?   **c.** Non, c'est bon marché.
4. Alors, ça y est ?   **d.** Je vais à la cinémathèque.
5. C'est cher ?   **e.** Je préfère le cinéma.
6. Qui est-ce ?   **f.** Au fond, à gauche.
7. Vous aimez le théâtre ?   **g.** Un cocktail de légumes.
8. Où est-ce qu'elle va ?   **h.** Un café, s'il vous plaît.
9. Qu'est-ce que vous prenez ?   **i.** À Amsterdam.

COMPRÉHENSION ÉCRITE

Exercice 5

Lisez et répondez par Vrai ou Faux.

Julia Cler cherche une maison

La famille Cler a sept enfants et un appartement trop petit.

Julia Cler cherche un grand appartement à Paris ou une maison pas trop loin de Paris. Elle voudrait un jardin avec des fruits et des légumes mais près de Paris, les maisons avec un jardin, c'est très cher.

Elle va dans une agence. L'employé propose deux appartements à Paris.

Le premier est grand, il y a quatre chambres et un double séjour, mais il est très cher et au cinquième étage sans ascenseur. Avec un bébé, ce n'est pas facile !

Le deuxième est assez grand, bon marché, mais le quartier n'est pas très sympathique et l'immeuble est trop ancien.

L'employé propose aussi une maison un peu loin de Paris mais avec un beau jardin. Elle est un peu chère mais très jolie.

	Vrai	Faux
1. Julia Cler voudrait déménager.	❏	❏
2. L'appartement des Cler est trop grand.	❏	❏
3. L'employé de l'agence propose trois maisons.	❏	❏
4. Il propose une maison tout près de Paris.	❏	❏
5. Julia Cler préfère une maison avec un jardin.	❏	❏

UNITÉ 4

Nom : ....

Prénom : .... Note =   /20

• Vocabulaire •

Exercice 1

Regardez l'emploi du temps de Nathalie et corrigez le texte (il y a quatre erreurs).

Lundi   **Mardi**

8 h	Anglais		
9 h	Français	9 h	Latin
	Français	10 h	Français
11 h	Maths	11 h	Anglais
12 h	Espagnol	12 h	Musique
	Déjeuner		Déjeuner
14 h	Science physique	14 h	Gym
15 h	Technologie		Gym
	Technologie	16 h	Histoire

Mercredi

8 h	Latin
9 h	Maths
10 h	Maths
11 h	Dessin

Nathalie aime bien le mercredi parce qu'elle finit à midi mais elle a une heure de mathématiques et elle déteste ça.

Elle n'aime pas le lundi : le lundi, elle commence par deux heures de français et elle finit tard, à cinq heures.

Le mardi, elle finit aussi à cinq heures mais elle commence plus tard, à neuf heures. Elle a une heure de gymnastique le mardi après-midi, après le déjeuner. Elle adore le sport. Après son cours de gym, le mardi, elle a une heure de latin.

Grammaire

Exercice 2
– Conjugaison

Choisissez un verbe dans la liste. Conjuguez comme dans l'exemple.

1. Tu *viens* avec moi au cinéma?	**commencer**
2. Vous .... la sieste l'après-midi?	**voir**
3. Elle .... Jennifer Brun.	**prendre**
4. Le mardi, les enfants .... à cinq heures.	**venir**
5. Vous .... la porte, au fond? C'est là.	**aller**
6. Le mardi, Nathalie .... à neuf heures.	**finir**
7. Pour aller à la gare de Lyon, elle .... tout droit.	**s'appeler**
8. Pour aller au travail, je .... le métro.	**faire**

Exercice 3
– On = nous
Faites comme dans l'exemple.

*Etsuko et moi, **nous allons** au cours d'informatique.*
➡ *Etsuko et moi, **on va** au cours d'informatique.*

1. Le mercredi, on a deux heures de français.
2. L'après-midi, on fait du sport.
3. Le soir, nous finissons à cinq heures.
4. On se lève tous les jours très tôt.
5. Le samedi, on dort plus tard.
6. Nous sortons avec Patrick et Claire, ce soir.

Exercice 4
– Les comparatifs
Regardez les températures et complétez comme dans l'exemple.

Météo du 30 novembre en Europe (températures à 6 h du matin).

Amsterdam : 0°   Londres : 0°
Athènes : + 8°   Madrid : – 1°
Berlin : – 5°   Paris : + 1°
Copenhague : – 3°   Rome : + 5°
Helsinki : – 8°   Vienne : – 2°

*Il fait **plus** chaud à Athènes **qu'**à Helsinki.*

1. Il fait ———— froid à Paris ———— à Rome.
2. Il fait ———— chaud à Vienne ———— à Amsterdam.
3. Il fait ———— froid à Copenhague ———— à Berlin.
4. Il fait ———— froid à Rome ———— à Athènes.
5. Il fait ———— chaud à Paris ———— à Londres.
6. Il fait ———— chaud à Berlin ———— à Madrid.

Exercice 5
– Les noms de villes et de pays
Complétez avec une préposition comme dans l'exemple.

– Les Martin vont ***en*** Grèce cet été. Lise et Marc partent ———— États-Unis et Antonia

va passer deux semaines ———— Mexique.

– Et Maria, elle part où ? Elle va ———— Espagne, comme toujours ?

– Non, cette année, elle va une semaine ———— Pays-Bas, une semaine

———— Italie et elle va passer quatre semaines ———— Berlin. Et vous ?

– Moi, je vais ———— Brésil en juillet pour voir ma fille Hélène (elle habite

———— Rio) et je travaille ———— Paris en août. Et vous, vous partez cet été ?

– Je reste ———— France en juillet et en août parce que je travaille, moi aussi, mais en

septembre, je vais partir trois semaines, ———— Malte ou ———— Chypre.

UNITÉ 5

Nom : ....

Prénom : ....   Note =   /20

• Vocabulaire •

Exercice 1
– Écrire l'heure (heure officielle, heure familière)

Écrivez en lettres comme dans l'exemple.

13 h 30 ➡ *treize heures trente* (off.) ; *une heure et demie* (fam.)

1. 15 h 15 ....

2. 17 h 45 ....

3. 10 h 25 ....

4. 14 h 15 ....

5. 19 h 30 ....

6. 7 h 15 ....

Grammaire

Exercice 2
– Conjugaison

Les verbes *pouvoir - vouloir - savoir*. Complétez comme dans l'exemple.

Elle ne (savoir) pas quel film elle (vouloir) voir.
➡ *Elle ne sait pas quel film elle veut voir.*

Alain : Vous (vouloir) aller au théâtre avec nous ce soir ? J'ai trois places.

Pr Lucas : Je ne (pouvoir) pas : j'ai un rendez-vous à huit heures. Je suis désolé. Vous (pouvoir) peut-être inviter Monique ?

Alain : Oui, c'est une bonne idée.
(...)
Allô, Monique ? Tu (vouloir) venir au théâtre ce soir ?
J'ai trois places et le Professeur Lucas ne (pouvoir) pas venir, il a un rendez-vous.

Monique : Attends, je ne (savoir) pas. Je regarde.
(...)
Oui, ça va. C'est à quelle heure ?

Alain : 20 h 30. Si tu (vouloir), on (pouvoir) se retrouver au café juste à côté du théâtre à huit heures et quart. D'accord ?

Exercice 3
– L'impératif

Répondez à la 2ᵉ personne du singulier puis à la 2ᵉ personne du pluriel, comme dans l'exemple.
– *Je peux partir ?*
– ***Mais oui, pars !***   ou   – ***Mais oui, partez !***

1. Je peux venir ?
2. Je peux sortir ?
3. Je peux prendre des livres, s'il vous plaît ?
4. Oh, les jolies photos ! Je peux regarder ?

Exercice 4
– Les possessifs

Remplacez *je* par *nous* puis par *ils* comme dans l'exemple.

Je pars en vacances avec ma fille Elisa.
Nous partons *en vacances avec notre fille Elisa.*
Ils partent *avec leur fille Elisa.*

1. Je vais en vacances avec mon frère et mes sœurs.

....

....

2. Je peux prendre mes vacances au mois de septembre.

....

....

3. Je connais bien mes voisins du deuxième étage.

....

....

COMPRÉHENSION ET EXPRESSION ÉCRITES
Exercice 5
– Répondre à une invitation

Vous répondez ; vous refusez poliment.

Marseille, le 10 janvier 2000

Mon cher Frédéric,

Dimanche, nous fêtons nos trente ans de mariage. Eh oui, trente ans déjà ! Nous faisons une petite fête à la maison avec nos enfants, nos petits-enfants et nos amis.
C'est donc le dimanche 16, à sept heures.
S'il vous plaît, pouvez-vous répondre pour dire si vous pensez venir ou non ? J'espère que la réponse est oui.

Très amicalement à vous.

Myriam.

Réponse : ....

....

....

....

UNITÉ 6

Nom : ....

Prénom : ....   Note =   /20

• Vocabulaire •

Exercice 1

Posez une question possible pour la réponse suivante, comme dans l'exemple.

– ***Quand voulez-vous partir ?*** – *En mai ou en juin.*

1. .... ?

– Non, je n'ai rien compris. C'est difficile, les mathématiques.

2. .... ?

– Oui, j'ai envie d'aller voir un film.

3. .... ?

– Non, cette année, nous sommes allés plus au sud, au Maroc.

4. .... ?

–Non, je ne peux pas, j'ai un rendez-vous important demain matin.

Grammaire

Exercice 2
– Le passé composé

Voici le curriculum vitae de Pierre Sartor. Transformez avec des phrases au présent et au passé composé comme dans l'exemple.

Pierre Sartor
  Né le 1er juin 1970 à Dijon
  Marié, deux enfants.

Diplômes :
  1988 : Baccalauréat (série scientifique) à Dijon.
  1988-1991 : Études d'informatique à l'université de Dijon.
  1992 : Maîtrise d'informatique (université de Lyon I).
  1994 : Diplôme supérieur d'informatique (université de Lyon I).

Expérience professionnelle :
  1995-1996 : Stage dans l'entreprise InfoCom Limited à Boston (États-Unis)
  1996-1997 : Informaticien chez Radfin, Jackson and Cie à New York.
  1997-1999 : Chef de projets à Microsoft-France à Marseille (13).

Langues parlées :
  Anglais courant, parlé et écrit.
  Bonnes notions d'allemand.

Je m'appelle Pierre Sartor, je suis né le 1er juin 1970 à Dijon.

....

....

Exercice 3

Mettez les phrases suivantes au passé composé comme dans l'exemple.

*Tu sors ce soir ? Tu **es sorti** hier soir ?*

1. Il fait un stage en entreprise cette année.
2. Nous allons au théâtre avec les Sanchez.
3. Vous avez de la chance d'avoir trouvé ce travail.
4. Elle passe un examen en octobre.
5. Elle comprend tous les exercices de mathématiques.
6. Elle vient avec nous en vacances à Vichy.
7. Les enfants vont se coucher à neuf heures.
8. Elles passent voir leurs amis à Épidaure, en Grèce.

Exercice 4

Complétez avec *depuis* ou *il y a*, comme dans l'exemple.

1. J'ai rencontré Paul Raynaud ***il y a*** six ans, à Berlin. Pendant deux mois, nous avons vécu dans le même hôtel. Il est parti en France et moi, je suis allé au Canada. Je sais qu'il s'est marié .... trois ans mais .... son mariage, je ne l'ai pas revu.

2. Irina est née en Russie .... vingt-cinq ans. Elle a fini ses études à Moscou .... trois ans. Elle habite en France .... deux ans.

3. – .... quand connaissez-vous Anna-Maria ?
– Très longtemps ! Je l'ai rencontrée .... vingt ou vingt-cinq ans, à Rome.

COMPRÉHENSION ÉCRITE

Exercice 5

À quelle question correspond chaque réponse ? Complétez comme dans l'exemple.

A. Pardon, monsieur, je cherche la salle d'informatique, s'il vous plaît ?

B. Il s'est levé à quelle heure, ce matin ?

C. Tu fais les vendanges, cette année ?

D. Tu ne peux vraiment pas venir ce soir ? C'est sûr ?

E. Vous avez déjà travaillé à l'étranger ?

F. Annabelle est déjà couchée ? À huit heures ?

G. Et vous êtes allés aussi à Kyoto ?

H. Vous n'aimez pas les films coréens ?

1. Non, je suis désolé, j'ai un rendez-vous très important.

2. Oui, c'est absolument superbe !

3. C'est là, au fond du couloir.

4. Si, ils sont souvent très intéressants.

5. Non, cette année, en octobre, je dois passer un examen.

6. Oui, deux ans à Istanbul et deux ans en Écosse.

7. Oui, elle est fatiguée. Elle dort.

8. Très tard, comme tous les dimanches.

Corrigés des fiches d'évaluation

UNITÉ 1

Exercice 1 (3 points)

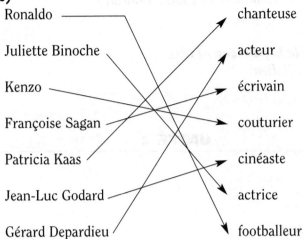

Ronaldo — footballeur

Juliette Binoche — actrice

Kenzo — couturier

Françoise Sagan — écrivain

Patricia Kaas — chanteuse

Jean-Luc Godard — cinéaste

Gérard Depardieu — acteur

Exercice 2 (3 points)

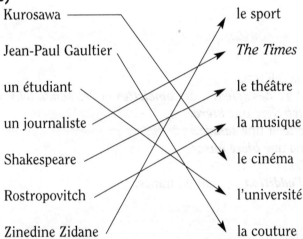

Kurosawa — le cinéma

Jean-Paul Gaultier — la couture

un étudiant — l'université

un journaliste — The Times

Shakespeare — le théâtre

Rostropovitch — la musique

Zinedine Zidane — le sport

Exercice 3 (4 points)

1. Comment vous appelez-vous ? ***Marina da Silva***.
2. Vous habitez à Paris ? ***Non, j'habite à Bordeaux***.
3. Vous êtes étudiante ? ***Non, je suis professeur***.
4. Vous aimez la musique ? ***Oui, j'adore la musique***.

Exercice 4 (4 points)

1. m' / Yukiko / je / appelle ➡ ***Je m'appelle Yukiko***.
2. la / vous / musique / aimez / moderne ➡ ***Vous aimez la musique moderne***.
3. parlez / anglais / espagnol / et / vous ➡ ***Vous parlez anglais et espagnol***.
4. G. Depardieu / cuisine /mais / est / acteur / aime / la / il ➡ ***G. Depardieu aime la cuisine mais il est acteur***.

Exercice 5 (6 points)

Nom : *Malartic*
Prénom : *Irène*
Date et lieu de naissance : le *10 décembre 1960* à *Bordeaux*
Nationalité : *Française*
Profession : *Couturière*
Adresse : *132, avenue de la République - Paris*
Langues parlées : *anglais, italien.*

UNITÉ 2

Exercice 1 (3 points)
Angela est *petite et mince*.
Le pull est *joli*.
Les pommes sont *délicieuses*.
Les ananas sont *chers*.
La jupe est *noire*.
Marco est *grand et brun*.

Exercice 2 (5 points)

À la cafétéria
Michaël et Noriko sont à la cafétéria.
La serveuse explique : « Il y a des *salades*, des *omelettes* et des *sandwichs*. »
Michaël prend un *sandwich* avec une *bière*.
Noriko préfère une *omelette* et une *salade*.
Comme boisson, elle prend une *bière aussi*.
Elle n'aime pas les *carottes*.
Après, Michaël demande *l'addition* : ça fait 94 francs.

Exercice 3 (3 points)
1. Elle *aime* les jeans noirs.
2. Nous *sommes* brésiliens.
3. Ils *parlent* italien.
4. Je *prends* un kilo de tomates, s'il vous plaît.
5. Les ananas *coûtent* 15 francs les deux.
6. Elsa, vous *prenez* un café ou un thé ?

Exercice 4 (5 points)
Josiane voudrait *un* imperméable et *des* bottes. Elle parle à *la* vendeuse.
– Bonjour, mademoiselle. Je voudrais *des* bottes, s'il vous plaît.
– Oui. Vous voulez *les* bottes noires, là, à 650 francs ?
– Euh, non merci. C'est cher pour moi. Et *la* jupe verte, là, elle coûte combien ?
– 280 francs. *La* petite robe noire coûte 399 francs.
– C'est cher aussi ! Et *les* pulls, ils sont chers ?
– 250 francs les deux.
– Bon, alors je prends *un* pull bleu et *un* pull noir.
– Et *les* bottes ?
– Non, merci.

Exercice 5 (4 points)

1. Amélie Renard est chanteuse de rock.
2. Elle n'aime pas faire la cuisine.
3. Elle aime la danse.
4. Elle est jeune et mince.

UNITÉ 3

Exercice 1 (3 points)

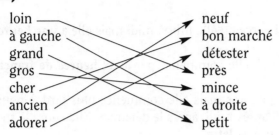

loin — neuf
à gauche — bon marché
grand — détester
gros — près
cher — mince
ancien — à droite
adorer — petit

Exercice 2 (4 points)

Je prends le boulevard Magenta. Je tourne à droite, du Faubour g St-Denis, puis je prends la deuxième rue à gauche, rue de Dunkerque.

Exercice 3 (4 points)

1. Vous **prenez** la deuxième rue à gauche.
2. Après, vous **arrivez** à une place, la place de la Bastille.
3. Pardon, madame, je **voudrais** aller à la gare de l'Est.
4. Elsa et Marco **vont** au cinéma.
5. Moi, je **prends** les yaourts et les fruits.
6. Bonjour, je **viens** pour les inscriptions à l'université.
7. Vous **voyez** la porte, là, au fond ? C'est là.
8. Elles **ont** une convocation pour le stage.

Exercice 4 (4 points)

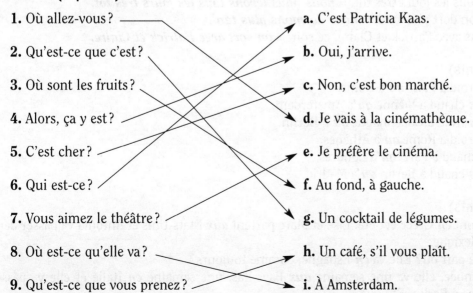

1. Où allez-vous ?
2. Qu'est-ce que c'est ?
3. Où sont les fruits ?
4. Alors, ça y est ?
5. C'est cher ?
6. Qui est-ce ?
7. Vous aimez le théâtre ?
8. Où est-ce qu'elle va ?
9. Qu'est-ce que vous prenez ?

a. C'est Patricia Kaas.
b. Oui, j'arrive.
c. Non, c'est bon marché.
d. Je vais à la cinémathèque.
e. Je préfère le cinéma.
f. Au fond, à gauche.
g. Un cocktail de légumes.
h. Un café, s'il vous plaît.
i. À Amsterdam.

Exercice 5 (5 points)

	Vrai	Faux
1. Julia Cler voudrait déménager.	☒	☐
2. L'appartement des Cler est trop grand.	☐	☒
3. L'employé de l'agence propose trois maisons.	☐	☒
4. Il propose une maison tout près de Paris.	☐	☒
5. Julia Cler préfère une maison avec un jardin.	☒	☐

UNITÉ 4

Exercice 1 (4 points)

Nathalie aime bien le mercredi parce qu'elle finit à midi mais elle a **une heure** de mathématiques et elle déteste ça.

Elle n'aime pas le lundi : le lundi, elle commence par **deux heures de français** et elle finit tard, à cinq heures.

Le mardi, elle finit aussi à cinq heures mais elle commence plus tard, à neuf heures. Elle a **une heure de gymnastique** le mardi après-midi, après le déjeuner. Elle adore le sport. Après son cours de gym, le mardi, elle a une heure de **latin**.

Exercice 2 (4 points)

1. Tu *viens* avec moi au cinéma ?
2. Vous *faites* la sieste l'après-midi ?
3. Elle *s'appelle* Jennifer Brun.
4. Le mardi, les enfants *finissent* à cinq heures.
5. Vous *voyez* la porte, au fond ? C'est là.
6. Le mardi, Nathalie *commence* à neuf heures.
7. Pour aller à la gare de Lyon, elle *va* tout droit.
8. Pour aller au travail, je *prends* le métro.

Exercice 3 (3 points)

1. Le mercredi, on a deux heures de français. = *nous avons deux heures de français.*
2. L'après-midi, on fait du sport. = *on fait du sport.*
3. Le soir, nous finissons à cinq heures. = *on finit à cinq heures.*
4. On se lève tous les jours très tôt. = *nous nous levons tous les jours très tôt.*
5. Le samedi, on dort plus tard. = *nous dormons plus tard.*
6. Nous sortons avec Patrick et Claire, ce soir. = *on sort avec Patrick et Claire.*

Exercice 4 (3 points)

1. Il fait *plus* froid à Paris *qu'*à Rome.
2. Il fait *moins* chaud à Vienne *qu'*à Amsterdam.
3. Il fait *moins* froid à Copenhague *qu'*à Berlin.
4. Il fait *plus* froid à Rome *qu'*à Athènes.
5. Il fait *plus* chaud à Paris *qu'*à Londres.
6. Il fait *moins* chaud à Berlin *qu'*à Madrid.

Exercice 5 (6 points)

– Les Martin vont *en* Grèce cet été. Lise et Marc partent *aux* États-Unis et Antonia va passer deux semaines *au* Mexique.

– Et Maria, elle part où ? Elle va *en* Espagne, comme toujours ?

– Non, cette année, elle va une semaine *aux* Pays-Bas, une semaine *en* Italie et elle va passer quatre semaines *à* Berlin. Et vous ?

– Moi, je vais *au* Brésil en juillet pour voir ma fille Hélène (elle habite *à* Rio) et je travaille *à* Paris en août. Et vous, vous partez cet été?

– Je reste *en* France en juillet et en août parce que je travaille, moi aussi, mais en septembre, je vais partir trois semaines, *à* Malte ou *à* Chypre.

UNITÉ 5

Exercice 1 (3 points)

1. 15 h 15 = *quinze heures quinze; trois heures et quart*

2. 17 h 45 = *dix-sept heures quarante-cinq; six heures moins le quart*

3. 10 h 25 = *dix heures vingt-cinq.* (heure officielle et heure familière)

4. 14 h 15 = *quatorze heures quinze; deux heures et quart*

5. 19 h 30 = *dix-neuf heures trente; sept heures et demie*

6. 7 h 15 = *sept heures quinze; sept heures et quart*

Exercice 2 (4 points)

Alain : Vous *voulez* aller au théâtre avec nous ce soir? J'ai trois places.

Pr Lucas : Je ne *peux* pas : j'ai un rendez-vous à huit heures. Je suis désolé. Vous *pouvez* peut-être inviter Monique?

Alain : Oui, c'est une bonne idée.

(...)

Allô, Monique? Tu *veux* venir au théâtre ce soir?

J'ai trois places et le Professeur Lucas ne *peut* pas venir, il a un rendez-vous.

Monique : Attends, je ne *sais* pas. Je regarde.

(...)

Oui, ça va. C'est à quelle heure?

Alain : 20 h 30. Si tu *veux*, on *peut* se retrouver au café juste à côté du théâtre à huit heures et quart. D'accord?

Exercice 3 (4 points)

1. Je peux venir? *Mais oui, viens! – Mais oui, venez!*

2. Je peux sortir? *Mais oui, sors! – Mais oui, sortez!*

3. Je peux prendre des livres, s'il vous plaît? *Mais oui, prends les livres! – Mais oui, prenez les livres!*

4. Oh, les jolies photos! Je peux regarder? *Mais oui, regarde les photos! – Mais oui, regardez les photos!*

Exercice 4 (3 points)

1. Je vais en vacances avec mon frère et mes sœurs.

Nous allons en vacances avec notre frère et nos sœurs.

Ils vont en vacances avec leur frère et leurs sœurs.

2. Je peux prendre mes vacances au mois de septembre.

Nous pouvons prendre nos vacances au mois de septembre.

Ils peuvent prendre leurs vacances au mois de septembre.

3. Je connais bien mes voisins du deuxième étage.

Nous connaissons bien nos voisins du deuxième étage.

Ils connaissent bien leurs voisins du deuxième étage.

Exercice 5 (6 points)

Paris, le 12 janvier 2000

Ma chère Myriam, mon cher Pierre,

Je suis vraiment désolé mais je ne peux pas venir à votre petite fête dimanche. Ce week-end, je pars à Berlin pour faire une conférence.
Je dois parler samedi soir et dimanche matin.
C'est vraiment dommage.
Excusez-moi, vous savez bien que je voudrais être avec vous ce jour-là mais ce n'est vraiment pas possible.

Très amicalement à tous les deux

Frédéric.

UNITÉ 6

Exercice 1 (4 points)

1. *Tu as compris l'exercice de maths ?*
– Non, je n'ai rien compris. C'est difficile, les mathématiques.

2. *Tu as envie de sortir ce soir ?*
– Oui, j'ai envie d'aller voir un film.

3. *Vous êtes allés en Espagne pour les vacances ?*
– Non, cette année, nous sommes allés plus au sud, au Maroc.

4. *On va au cinéma, ce soir ?*
– Non, je ne peux pas, j'ai un rendez-vous important demain matin.

Exercice 2 (4 points)
Je m'appelle Pierre Sartor, je suis né le 1er juin 1970 à Dijon.
Je suis marié et j'ai deux enfants. J'ai passé mon baccalauréat à Dijon en 1988 et j'ai étudié l'informatique pendant six ans, trois ans à Dijon et trois ans à Lyon. J'ai un diplôme d'informatique.
J'ai fait deux stages aux États-Unis, le premier à Boston, le deuxième à New York.
Je suis maintenant chef de projets à Microsoft-France, à Marseille.
Je parle très bien l'anglais et j'ai de bonnes notions d'allemand.

Exercice 3 (4 points)
1. Il fait un stage en entreprise cette année.
= ***Il a fait un stage en entreprise l'année dernière.***
2. Nous allons au théâtre avec les Sanchez.
= ***Nous sommes allés au théâtre avec les Sanchez.***
3. Vous avez de la chance d'avoir trouvé ce travail.
= ***Vous avez eu de la chance d'avoir trouvé ce travail.***
4. Elle passe un examen en octobre.
= ***Elle a passé un examen en octobre.***

5. Elle comprend tous les exercices de mathématiques.
= ***Elle a compris tous les exercices de mathématiques.***
6. Elle vient avec nous en vacances à Vichy.
= ***Elle est venue avec nous en vacances à Vichy.***
7. Les enfants vont se coucher à neuf heures.
= ***Les enfants sont allés se coucher à neuf heures.***
8. Elles passent voir leurs amis à Épidaure, en Grèce.
= ***Elles sont passées voir leurs amis à Épidaure, en Grèce.***

Exercice 4 (4 points)

1. J'ai rencontré Paul Raynaud *il y a* six ans, à Berlin. Pendant deux mois, nous avons vécu dans le même hôtel. Il est parti en France et moi, je suis allé au Canada. Je sais qu'il s'est marié *il y a* trois ans mais *depuis* son mariage, je ne l'ai pas revu.
2. Irina est née en Russie *il y a* vingt-cinq ans. Elle a fini ses études à Moscou *il y a* trois ans. Elle habite en France *depuis* deux ans.
3. – *Depuis* quand connaissez-vous Anna-Maria?
– Très longtemps! Je l'ai rencontrée *il y a* vingt ou vingt-cinq ans, à Rome.

Exercice 5 (4 points)

A-3; B-8; C-5; D-1; E-6; F-7; G-2; H-4.

Textes et corrigés des exercices structuraux
(enregistrés sur cassette pour les leçons 4, 5, 6, 7, 9, 10, 12, 14, 17, 19, 20, 21, 22, 23, 24)

Exercice 13 (leçon 4)

L'adjectif – Le genre, masculin / féminin. Répondez comme dans l'exemple.

Il est beau. Et elle? ➡ *Elle aussi, elle est belle.*

1. Il est grand. Et elle?
2. Cet étudiant est très jeune. Et sa voisine?
3. Il est content de partir en vacances. Et sa sœur?
4. Il est intelligent. Et sa fille?
5. Il est étudiant à la Sorbonne. Et elle?
6. En France, Gérard Depardieu est très célèbre. Et Isabelle Adjani?
7. Il est français. Et sa femme?
8. Antonio est italien. Son amie Francesca aussi?

1. Elle aussi, elle est grande.
2. Elle aussi, elle est très jeune.
3. Elle aussi, elle est contente de partir en vacances.
4. Elle aussi, elle est intelligente.
5. Elle aussi, elle est étudiante à la Sorbonne.
6. Elle aussi, elle est très célèbre.
7. Elle aussi, elle est française.
8. Elle aussi, elle est italienne.

Exercice 6 (leçon 5)

Les mots interrogatifs – *Qui est-ce?* ou *Qu'est-ce que?* Trouvez la question correspondant à la réponse.

C'est Marie Dorset. ➡ *Qui est-ce?*
C'est la maison des Dorset. ➡ *Qu'est-ce que c'est?*

1. C'est la petite sœur de Philippe.
2. C'est notre fille Anne.
3. C'est ma nouvelle voiture.
4. C'est Madame Baraud.
5. C'est un petit cadeau pour vous.
6. C'est moi, à cinq ans.
7. C'est une surprise!
8. C'est une lettre pour vous.

1. Qui est-ce?
2. Qui est-ce?
3. Qu'est-ce que c'est?
4. Qui est-ce?
5. Qu'est-ce que c'est?

6. Qui est-ce ?
7. Qu'est-ce que c'est ?
8. Qu'est-ce que c'est ?

Exercice 8 (leçon 5)

Le nom commun – Le genre – Transformez comme dans l'exemple.

C'est un chanteur. ➠ *C'est une chanteuse.*

1. Voilà un élève de français.
2. C'est le frère de Léa.
3. J'ai un ami indonésien.
4. C'est le cousin de Véronique.
5. C'est un danseur célèbre.
6. C'est le professeur d'anglais.
7. C'est le père de Maria Fernandez.
8. C'est un excellent acteur.

1. Voilà une élève de français.
2. C'est la sœur de Léa.
3. J'ai une amie indonésienne.
4. C'est la cousine de Véronique.
5. C'est une danseuse célèbre.
6. C'est la professeur d'anglais.
7. C'est la mère de Maria Fernandez.
8. C'est une excellente actrice.

Exercice 9 (leçon 5)

Le nom commun – Le nombre : singulier ou pluriel – Transformez comme dans les exemples. Attention à la liaison.

Il y a un bébé. ➠ *Il y a des bébés.*
J'ai un ami. ➠ *J'ai des amis.*

1. Voilà un élève.
2. Il connaît une actrice.
3. Il a un cours de français.
4. Voilà un livre.
5. Achète un gâteau, s'il te plaît.
6. Vous avez un chat ?
7. Il invite un ami japonais.
8. Il connaît un étudiant grec.

1. Voilà des élèves.
2. Il connaît des actrices.
3. Il a des cours de français.

4. Voilà des livres.

5. Achète des gâteaux, s'il te plaît.

6. Vous avez des chats?

7. Il invite des amis japonais.

8. Il connaît des étudiants grecs.

Exercice 1 (leçon 6)

La phrase négative – Mettez à la forme négative. Le verbe est au présent.

Il travaille à Paris. ➠ Il ne travaille pas à Paris.

1. Elle est espagnole.

2. Ils connaissent le Japon.

3. Elle parle chinois.

4. J'aime le football.

5. Il s'appelle Patrick.

6. On fume dans tous les avions.

7. Mes parents voyagent souvent.

8. Ce soir, je vais au cinéma.

1. Elle n'est pas espagnole.

2. Ils ne connaissent pas le Japon.

3. Elle ne parle pas chinois.

4. Je n'aime pas le football.

5. Il ne s'appelle pas Patrick.

6. On ne fume pas dans tous les avions.

7. Mes parents ne voyagent pas souvent.

8. Ce soir, je ne vais pas au cinéma.

Exercice 15 (leçon 6)

Le verbe – Le présent, forme affirmative / forme négative – Répondez comme dans les exemples.

Je ne comprends pas. Et toi? ➠ Moi, je comprends.
Il travaille beaucoup. Et elle? ➠ Elle, elle ne travaille pas beaucoup.

1. Je ne vais pas au cinéma ce soir. Et vous?

2. Il apprend le français. Et son frère?

3. Je suis fatiguée. Et vous?

4. Je n'aime pas beaucoup les voyages. Et toi?

5. Il ne connaît pas l'anglais. Et sa femme?

6. Ma fille lit beaucoup. Et votre fils?

7. Moi, je vais au théâtre demain. Et toi?

8. Je ne sais pas jouer au tennis. Et Mario?

1. Moi, je vais au cinéma.

2. Lui, il n'apprend pas le français.

3. Moi, je ne suis pas fatigué.
4. Moi, j'aime les voyages.
5. Elle, elle connaît l'anglais.
6. Lui, il ne lit pas beaucoup.
7. Moi, je ne vais pas au théâtre.
8. Lui, il sait jouer au tennis.

Exercice 4 (leçon 7)

La phrase interrogative – Transformez comme dans l'exemple.

Vous aimez le théâtre? ➡ *Est-ce que vous aimez le théâtre?*

1. Vous pouvez venir à six heures?
2. Vous jouez au tennis?
3. Tu connais la fille de Noriko?
4. Vous parlez chinois?
5. Vous aimez le musée du Louvre?
6. Il habite à Paris depuis longtemps?
7. Ils arrivent en voiture?
8. Vous partez en vacances?

1. Est-ce que vous pouvez venir à six heures?
2. Est-ce que vous jouez au tennis?
3. Est-ce que tu connais la fille de Noriko?
4. Est-ce que vous parlez chinois?
5. Est-ce que vous aimez le musée du Louvre?
6. Est-ce qu'il habite à Paris depuis longtemps?
7. Est-ce qu'ils arrivent en voiture?
8. Est-ce que vous partez en vacances?

Exercice 5 (leçon 9)

La phrase interrogative – Transformez comme dans l'exemple.

Vous voulez aller au cinéma? ➡ *Voulez-vous aller au cinéma?*

1. Vous avez un chien ou un chat?
2. Vous dansez le tango?
3. Vous travaillez le samedi?
4. Vous allez en Italie?
5. Vous partez en vacances?
6. Vous connaissez mes amis Martinez?
7. Vous aimez le jazz?
8. Vous voulez boire quelque chose?

1. Avez-vous un chien ou un chat?
2. Dansez-vous le tango?

3. Travaillez-vous le samedi ?

4. Allez-vous en Italie ?

5. Partez-vous en vacances ?

6. Connaissez-vous mes amis Martinez ?

7. Aimez-vous le jazz ?

8. Voulez-vous boire quelque chose ?

Exercice 7 (leçon 9)

Les mots interrogatifs – Transformez comme dans les exemples.

Où est-ce que vous habitez ? ➠ *Où habitez-vous ?*
Où est-ce que vous êtes allés ? ➠ *Où êtes-vous allés ?*

1. Pourquoi est-ce que vous partez déjà ?

2. Comment est-ce que vous allez venir ?

3. Pourquoi est-ce que tu es fatigué ?

4. Quand est-ce que vous arrivez ?

5. Où est-ce que vous allez ?

6. Combien d'enfants est-ce que vous avez ?

7. Quand est-ce que vous partez ?

8. Où est-ce que vous travaillez ?

1. Pourquoi partez-vous déjà ?

2. Comment allez-vous venir ?

3. Pourquoi es-tu fatigué ?

4. Quand arrivez-vous ?

5. Où allez-vous ?

6. Combien d'enfants avez-vous ?

7. Quand partez-vous ?

8. Où travaillez-vous ?

Exercice 10 (leçon 9)

L'article – Transformez, en apportant des précisions, comme dans l'exemple.

Tiens, un autobus ! (du soir) ➠ *Oui, c'est l'autobus du soir.*

1. Tiens, il y a un livre devant la porte ! (*Maria*)

2. Tiens, il y a une voiture dans le jardin ! (*mon père*)

3. Tiens, un petit garçon tout seul ! (*la concierge*)

4. Tiens, une photo ! (*Pierre et Nathalie*)

5. Tiens, il y a un chat dans la rue ! (*mon fils*)

6. Tiens, il y a un journal dans ton sac ! (*l'université*)

7. Tiens, il y a une bicyclette devant la porte ! (*mon amie Élisa*)

8. Tiens, il y a un imperméable dans la cuisine ! (*ma mère*)

1. Oui, c'est le livre de Maria.

2. Oui, c'est la voiture de mon père.

3. Oui, c'est le petit garçon de la concierge.
4. Oui, c'est la photo de Pierre et Nathalie.
5. Oui, c'est le chat de mon fils.
6. Oui, c'est le journal de l'université.
7. Oui, c'est la bicyclette de mon amie Élisa.
8. Oui, c'est l'imperméable de ma mère.

Exercice 14 (leçon 10)

Le verbe – Le présent – Répondez, en conjuguant, comme dans l'exemple.

Il parle italien. Et vous ? ➡ *Nous parlons italien aussi.*

1. Elle travaille à Paris. Et vous ?
2. Je regarde souvent la télévision. Et toi ?
3. Les étudiants prennent le bus pour venir à l'université. Et les professeurs ?
4. Ces deux garçons apprennent le français. Et vous ?
5. Anne voyage beaucoup. Et toi ?
6. En France, les élèves sortent de l'école à quatre heures et demie. Et dans votre pays ?
7. Ils ont un ordinateur. Et vous ?
8. Madame Yorima connaît bien l'italien. Et ses deux filles ?

1. Nous travaillons à Paris aussi.
2. Je regarde souvent la télévision aussi.
3. Ils prennent le bus aussi.
4. Nous apprenons le français aussi.
5. Je voyage beaucoup aussi.
6. Ils sortent de l'école à quatre heures et demie aussi.
7. Nous avons un ordinateur aussi.
8. Elles connaissent bien l'italien aussi.

Exercice 11 (leçon 12)

Les adjectifs démonstratifs – Transformez comme dans les exemples.

Le dimanche, je ne travaille pas. ➡ *Ce dimanche, je ne travaille pas.*
La maison est très jolie. ➡ *Cette maison est très jolie.*

1. Le film est très intéressant.
2. La robe verte coûte combien ?
3. L'exercice est un peu difficile.
4. Le livre est écrit en japonais.
5. La voiture est à vendre ?
6. Je veux visiter l'appartement.
7. Le professeur est souvent en retard.
8. L'école est boulevard Saint-Michel.

1. Ce film est très intéressant.
2. Cette robe verte coûte combien ?

3. *Cet exercice est un peu difficile.*
4. *Ce livre est écrit en japonais.*
5. *Cette voiture est à vendre?*
6. *Je peux visiter cet appartement?*
7. *Ce professeur est souvent en retard.*
8. *Cette école est boulevard Saint-Michel.*

Exercice 22 (leçon 14)

Les formes impersonnelles – Le ON – Répondez comme dans l'exemple.

Vous allez en Italie? ➡ *Oui, bien sûr, on va en Italie.*

1. Vous prenez le métro?
2. Vous pouvez venir, s'il vous plaît?
3. Vous avez étudié l'anglais?
4. Vous connaissez Picasso?
5. Vous êtes allés au cours hier?
6. Vous aimez la gymnastique?
7. Vous avez regardé le match de foot hier soir?
8. Vous aimez tous chanter, dans votre pays?

1. Oui, bien sûr, on prend le métro.
2. Oui, bien sûr, on peut venir.
3. Oui, bien sûr, on a étudié l'anglais.
4. Oui, bien sûr, on connaît Picasso.
5. Oui, bien sûr, on est allés au cours.
6. Oui, bien sûr, on aime la gymnastique.
7. Oui, bien sûr, on a regardé le match.
8. Oui, bien sûr, on aime tous chanter.

Exercice 21 (leçon 17)

L'impératif – Répondez comme dans les exemples.

Je peux venir avec vous? ➡ *Mais oui, viens!*
Nous pouvons venir avec vous? ➡ *Mais oui, venez!*

1. Je peux fermer la fenêtre, s'il te plaît?
2. Je peux sortir avec mes amis, ce soir?
3. Nous pouvons aller au cinéma?
4. Je peux acheter des livres?
5. Nous pouvons regardez un peu la télévision?
6. Je peux faire la cuisine ce soir?
7. Nous pouvons prendre une semaine de vacances?
8. Je peux manger maintenant, s'il te plaît?

1. Mais oui, ferme la fenêtre!
2. Mais oui, sors!

3. Mais oui, allez au cinéma!
4. Mais oui, achète des livres!
5. Mais oui, regardez la télévision!
6. Mais oui, fais la cuisine!
7. Mais oui, prenez une semaine de vacances!
8. Mais oui, mange!

Exercice 12 (leçon 19)

Les adjectifs possessifs – Transformez en passant du pluriel au singulier comme dans l'exemple.

Voilà mes photos. ➡ *Voilà ma photo.*

1. Vous connaissez nos filles?
2. Voilà vos amis Legrand.
3. Elle a pris ses livres?
4. Tu as vu tes professeurs?
5. Tu as regardé ses photos de mariage?
6. Je vous présente mes amis japonais.
7. Il a acheté ses billets de train?
8. Ils ont fini leurs exercices.

1. Vous connaissez notre fille?
2. Voilà votre ami Legrand.
3. Elle a pris son livre?
4. Tu as vu ton professeur?
5. Tu as regardé sa photo de mariage?
6. Je vous présente mon ami japonais.
7. Il a acheté son billet de train?
8. Ils ont fini leur exercice.

Exercice 16 (leçon 20)

Le futur proche – Répondez comme dans l'exemple.

Je pars en vacances aujourd'hui. Et vous? ➡ *Nous allons partir plus tard.*

1. Il sort tous les jours à sept heures. Et vous?
2. Je commence à travailler le 1er septembre. Et vous?
3. Ils déjeunent à midi. Et chez vous?
4. Aujourd'hui, Pierre finit l'école à quatre heures. Et ses frères?
5. Ils font leurs exercices maintenant. Et toi?
6. Il lit le journal. Et elle?
7. Les enfants se couchent à neuf heures. Et les parents?
8. J'achète mon billet d'avion aujourd'hui. Et toi?

1. Nous allons sortir plus tard.
2. Nous allons commencer plus tard.

3. *Nous allons déjeuner plus tard.*

4. *Ils vont finir plus tard.*

5. *Je vais faire mes exercices plus tard.*

6. *Elle va lire le journal plus tard.*

7. *Ils vont se coucher plus tard.*

8. *Je vais acheter mon billet plus tard.*

Exercice 17 (leçon 21)

Le passé composé – Mettez la phrase au passé composé comme dans l'exemple. Attention! vous utilisez l'auxiliaire *avoir*.

Il déjeune chez lui. ➡ Il a déjeuné chez lui.

1. Nous prenons le métro.

2. Marc et Françoise visitent l'Italie.

3. Elle étudie le japonais à l'université.

4. Vous êtes malade?

5. Elle a vingt ans en juillet.

6. Elles apprennent à jouer au tennis.

7. Il comprend l'exercice.

8. Tu vois ton frère ce week-end?

1. *Nous avons pris le métro.*

2. *Ils ont visité l'Italie.*

3. *Elle a étudié le japonais à l'université.*

4. *Vous avez été malade?*

5. *Elle a eu vingt ans en juillet.*

6. *Elles ont appris à jouer au tennis.*

7. *Il a compris l'exercice.*

8. *Tu as vu ton frère ce week-end?*

Exercice 18 (leçon 22)

Le passé composé – Mettez la phrase au passé composé comme dans l'exemple. Attention! vous utilisez l'auxiliaire *être*.

Il arrive à six heures. ➡ Il est arrivé à six heures.

1. Vous sortez avec eux?

2. Nous allons au cinéma.

3. Je rentre chez moi à huit heures.

4. Tu te lèves tôt ce matin.

5. Vous arrivez à Paris à quelle heure?

6. Elles viennent en avion

7. Il part à sept heures.

8. Ils sortent tous les soirs.

1. Vous êtes sorti(e)(s) avec eux?

2. Nous sommes allé(e)s au cinéma.

3. Je suis rentré(e) chez moi à huit heures.

4. Tu t'es levé(e) tôt ce matin.

5. Vous êtes arrivé(e)(s) à Paris à quelle heure?

6. Elles sont venues en avion.

7. Il est parti à sept heures.

8. Ils sont sortis tous les soirs.

Exercice 2 (leçon 23)

La phrase négative – Mettez à la forme négative. Le verbe est au passé composé.

Je suis allé(e) en Australie. ➡ Je ne suis pas allé(e) en Australie.

1. Je suis venu(e) ce matin.

2. Il a compris l'exercice.

3. Nous avons visité Rome.

4. Elle est partie en vacances.

5. Tu as téléphoné à ta sœur?

6. Nous avons pris le train.

7. Vous avez vu le film *Titanic*?

8. Il a invité Pierre à son anniversaire.

1. Je ne suis pas venu(e) ce matin.

2. Il n'a pas compris l'exercice.

3. Nous n'avons pas visité Rome.

4. Elle n'est pas partie en vacances.

5. Tu n'as pas téléphoné à ta sœur?

6. Nous n'avons pas pris le train.

7. Vous n'avez pas vu le film Titanic?

8. Il n'a pas invité Pierre à son anniversaire.

Exercice 19 (leçon 23)

Le passé composé – Mettez la phrase au passé composé comme dans les exemples. Attention! vous devez choisir l'auxiliaire qui convient.

Il vient chez moi. ➡ Il est venu chez moi.
Il apprend le russe. ➡ Il a appris le russe.

1. Elle écrit une lettre.

2. Je vais au cinéma.

3. Elle arrive samedi soir.

4. Tu téléphones à tes parents?

5. Nous partons à Bangkok.

6. Ils peuvent faire l'exercice tout seuls.

7. Vous allez avec eux en voyage?

8. Ils dînent au restaurant.

1. Elle a écrit une lettre.
2. Je suis allé(e) au cinéma.
3. Elle est arrivée samedi soir.
4. Tu as téléphoné à tes parents ?
5. Nous sommes parti(e)s à Bangkok.
6. Ils ont pu faire l'exercice tout seuls.
7. Vous êtes allé(e)(s) avec eux en voyage ?
8. Ils ont dîné au restaurant.

Exercice 20 (leçon 23)

Le passé composé –Mettez les phrases au passé composé comme dans l'exemple. Vous devez choisir l'auxiliaire *être* ou l'auxiliaire *avoir*.

Maria et Lucia, deux jeunes filles espagnoles, viennent à Paris.
➠ *Maria et Lucia, deux jeunes filles espagnoles, sont venues à Paris.*

1. Elles passent deux semaines à Paris.
2. Elles prennent le train de nuit Madrid-Paris.
3. Elles arrivent à huit heures du matin.
4. Elles habitent chez des amis français.
5. Elles passent le premier jour avec leurs amis.
6. Elles vont au théâtre et à l'Opéra.
7. Elles visitent des musées.
8. Elles sortent tous les soirs.

1. Elles ont passé deux semaines à Paris.
2. Elles ont pris le train de nuit Madrid-Paris.
3. Elles sont arrivées à huit heures du matin.
4. Elles ont habité chez des amis français.
5. Elles ont passé le premier jour avec leurs amis.
6. Elles sont allées au théâtre et à l'Opéra.
7. Elles ont visité des musées.
8. Elles sont sorties tous les soirs.

Exercice 3 (leçon 24)

La phrase négative - Répondez à la forme négative comme dans les exemples.

Vous fumez ? Non, je ne fume pas.
Vous fumez souvent ? Non, je ne fume jamais.
Vous prenez quelque chose ? Non, je ne prends rien.

1. Tu veux quelque chose ?
2. Tu connais Anna ?
3. Elle comprend quelque chose ?
4. Tu travailles le dimanche ?
5. Tu fais quelque chose ce matin ?
6. Ils vont souvent au cinéma ?

7. Tu prends souvent le bus ?

8. Tes parents vont souvent en France ?

1. Non, je ne veux rien.

2. Non, je ne connais pas Anna.

3. Non, elle ne comprend rien.

4. Non, je ne travaille pas le dimanche.

5. Non, je ne fais rien ce matin.

6. Non, ils ne vont jamais au cinéma.

7. Non, je ne prends jamais le bus.

8. Non, ils ne vont jamais en France.

N° d'Éditeur : 10111158 - LO - Janvier 2004
Imprimé en France par EMD S.A. - 53110 Lassay-les-Châteaux
N° dossier : 11480 - Dépôt légal : janvier 2004